GW00374886

# EXERCICES DE vocabulaire EN CONTEXTE

## Niveau intermédiaire

Anne Akyüz

Bernadette Bazelle-Shahmaei

Joëlle Bonenfant

Marie-Françoise Flament

Jean Lacroix

Daniel Moriot

Patrice Renaudineau

**EUROCENTRES**

HACHETTE *Livre*

*Français langue étrangère*

*58, rue Jean-Bleuzen, 92170 VANVES*

http://www.fle.hachette-livre.fr

# Avant-propos

Cet ouvrage d'« exercices de vocabulaire en contexte » s'adresse à des étudiants adolescents ou adultes, **faux débutants/intermédiaires**, pour un travail en classe ou en autonomie. Il se propose de mener l'apprenant d'une compétence de « découverte » à une compétence de « survie » selon le cadre européen commun de référence pour l'enseignement et l'apprentissage des langues.

Ce livre d'**entraînement** et de **pratique** a deux objectifs :
– Faire découvrir et pratiquer le vocabulaire de survie et l'associer à des fonctions de communication.
– Sensibiliser les étudiants à la formation et au sens des mots (famille de mots, contraires, synonymes…).

Cet ouvrage comporte **15 chapitres**, chacun traitant d'une thématique différente. Dans chaque chapitre, le vocabulaire nouveau est découvert de façon **active** et pratiqué dans des exercices **contextualisés**. D'autres exercices permettent de travailler la **formation** et le **sens des mots**.

À la fin de chaque chapitre, la partie « Situations » reprend une partie du vocabulaire travaillé dans des **situations de communication**.

L'ouvrage comporte **deux index** : un index des **objectifs fonctionnels** et un index sur **la formation et le sens des mots**.

**Les corrigés** des exercices se trouvent dans un livret séparé.

Les exercices de vocabulaire en contexte font donc pratiquer à la fois la formation du lexique, le vocabulaire et les fonctions de communication indispensables à ce niveau.

Les auteurs

| | |
|---|---|
| **Couverture et maquette intérieure :** | Christophe et Guylaine Moi |
| **Réalisation :** | MÉDIAMAX |
| **Secrétariat d'édition :** | Catherine Gau |
| **Illustrations :** | Philippe Chapelle, Jean-Pierre Joblin |

Pour découvrir nos nouveautés, consulter notre catalogue en ligne, contacter nos diffuseurs, ou nous écrire, rendez-vous sur Internet :
**www.fle.hachette-livre.fr**

ISBN 201155153-6

# Sommaire

# LA DATE, L'HEURE ET LES MOMENTS DE LA JOURNÉE

➤ S'informer sur les horaires  ➤ Dire ce que l'on a fait

## A  L'HEURE ET LES MOMENTS DE LA JOURNÉE

 **1** Complétez les mots.

midi    minuit et demie    ~~tôt~~    après-midi    soir    minuit

Pierre est parti ?

Oui, très *tôt* (1) ce matin, à cinq heures et quart et il rentre ce s _ _ _ (2) vers huit heures moins le quart.

Est-ce qu'il y a un train pour Marseille aujourd'hui ?

Vous avez un train qui part cet a_ _ _ _-_ _ _ _(3) à 16 heures 30 et qui arrive à 0 heure 40.

Tu rentres à m_ _ _ _ _(4), pas plus tard !

Oh maman, m_ _ _ _ _ _ _ _ _ _ _ _(5), s'il te plaît.

Bon, d'accord pour cette fois-ci.

À quelle heure est-ce que tu déjeunes aujourd'hui ?

Entre m _ _ _ (6) et une heure et toi ?

**2** **Associez.**

| Heure administrative |
| :--- |
| Le TGV 8710 à destination de Rennes partira de la voie 7 à 17 h 30. |
| **Heure dans la langue courante** |
| Vite chéri, le train part à 5 heures et demie. |

1. Vous avez un train à 15 h 45.
2. Le rendez-vous est reporté à 13 h 15.
3. L'avion part à 18 h 40.
4. Le début du spectacle est à 20 h 30 précises.
5. Vous devez être à l'aéroport à 12 h 55.
6. Le départ est prévu à 17 h 35.
7. Le déjeuner est à 12 h.

a. On prend l'avion à sept heures moins vingt.
b. Vite, ça commence à huit heures et demie.
c. On part à six heures moins vingt-cinq.
d. Le train est à quatre heures moins le quart.
e. Nous y allons à midi.
f. J'ai rendez-vous à une heure et quart.
g. On doit être là-bas à une heure moins cinq.

| 1. | 2. | 3. | 4. | 5. | 6. | 7. |
| :---: | :---: | :---: | :---: | :---: | :---: | :---: |
| *d* | | | | | | |

**3** **Complétez avec les heures.**

# La date, l'heure et les moments de la journée

– Christophe, tu viens au cinéma avec moi voir *Désert* ?

– Oui, mais tu connais les horaires ?

– Non, mais je vais téléphoner.

– « Vous êtes bien sur le répondeur du cinéma *La séance*. Le nouveau film de la semaine est *Désert*. Les horaires sont **quatorze heures** (1), .................................................. (2), .................................................. (3), .................................................. (4), .................................................. (5). »

– Alors ?

– Il y a cinq séances : à **deux heures** (6), .................................................. (7), .................................................. (8), .................................................. (9), .................................................. (10). Tu préfères laquelle ?

– Deux heures, c'est bien.

---

**4** **Reliez les noms et les verbes.**

1.  Le début •              • a.   Commencer

2.  La fin •                • b.   Durer

3.  Le commencement •       • c.   Débuter

4.  La durée •              • d.   Finir

*(1 relié à c.)*

---

**5** **Complétez et trouvez la réponse.**

**A /**          À quelle heure  |  midi  |  dure  |  ~~six heures de décalage horaire~~

Entre Paris et New York, il y a **six heures de décalage horaire** (1). Quand il est 18 heures à Paris, il est .................................................. (2) à New York. Un avion décolle de Paris à 15 heures 30. Le vol .................................................. (3) 8 heures. .................................................. (4) locale l'avion arrivera-t-il à New York ?

*Réponse :* ..................................................

**B /**          dure  |  commence  |  finit  |  minutes

Le film .................................................. (5) à 20 heures 35 et .................................................. (6) 142 .................................................. (7). À quelle heure .................................................. (8) le film ?

*Réponse :* ..................................................

## B · LA DATE ET LA DURÉE

### 6 · Écrivez le nom du mois.

| JANVIER | | FÉVRIER | | MARS | | AVRIL | | MAI | | JUIN | | JUILLET | | AOÛT | | SEPTEMBRE | | OCTOBRE | | NOVEMBRE | | DÉCEMBRE | |
|---|---|---|---|---|---|---|---|---|---|---|---|---|---|---|---|---|---|---|---|---|---|---|---|
| **S** | **1** | M | 1 | M | 1 | S | 1 | **L** | **1** | **J** | **1** | S | 1 | M | 1 | V | 1 | D | 1 | **M** | **1** | V | 1 |
| D | 2 | M | 2 | J | 2 | D | 2 | M | 2 | V | 2 | D | 2 | M | 2 | S | 2 | L | 2 | J | 2 | S | 2 |
| L | 3 | J | 3 | V | 3 | L | 3 | M | 3 | S | 3 | L | 3 | J | 3 | D | 3 | M | 3 | V | 3 | D | 3 |
| M | 4 | V | 4 | S | 4 | M | 4 | J | 4 | D | 4 | M | 4 | V | 4 | L | 4 | M | 4 | S | 4 | L | 4 |
| M | 5 | S | 5 | D | 5 | M | 5 | V | 5 | L | 5 | M | 5 | S | 5 | M | 5 | J | 5 | D | 5 | M | 5 |
| J | 6 | D | 6 | L | 6 | J | 6 | S | 6 | M | 6 | J | 6 | D | 6 | M | 6 | V | 6 | L | 6 | M | 6 |
| V | 7 | L | 7 | M | 7 | V | 7 | D | 7 | M | 7 | V | 7 | L | 7 | J | 7 | S | 7 | M | 7 | J | 7 |
| S | 8 | M | 8 | M | 8 | S | 8 | **L** | **8** | J | 8 | S | 8 | M | 8 | V | 8 | D | 8 | M | 8 | V | 8 |
| D | 9 | M | 9 | J | 9 | D | 9 | M | 9 | V | 9 | D | 9 | M | 9 | S | 9 | L | 9 | J | 9 | S | 9 |
| L | 10 | J | 10 | V | 10 | L | 10 | M | 10 | S | 10 | L | 10 | J | 10 | D | 10 | M | 10 | V | 10 | D | 10 |
| M | 11 | V | 11 | S | 11 | M | 11 | J | 11 | D | 11 | M | 11 | V | 11 | L | 11 | M | 11 | **S** | **11** | L | 11 |
| M | 12 | S | 12 | D | 12 | M | 12 | V | 12 | **L** | **12** | M | 12 | S | 12 | M | 12 | J | 12 | D | 12 | M | 12 |
| J | 13 | D | 13 | L | 13 | J | 13 | S | 13 | M | 13 | J | 13 | D | 13 | M | 13 | V | 13 | L | 13 | M | 13 |
| V | 14 | L | 14 | M | 14 | V | 14 | D | 14 | M | 14 | V | 14 | **L** | 14 | J | 14 | S | 14 | M | 14 | J | 14 |
| S | 15 | M | 15 | M | 15 | S | 15 | L | 15 | J | 15 | S | 15 | **M** | **15** | V | 15 | D | 15 | M | 15 | V | 15 |
| D | 16 | M | 16 | J | 16 | D | 16 | M | 16 | V | 16 | D | 16 | M | 16 | S | 16 | L | 16 | J | 16 | S | 16 |
| L | 17 | J | 17 | V | 17 | L | 17 | M | 17 | S | 17 | L | 17 | J | 17 | D | 17 | M | 17 | V | 17 | D | 17 |
| M | 18 | V | 18 | S | 18 | M | 18 | J | 18 | D | 18 | M | 18 | V | 18 | L | 18 | M | 18 | S | 18 | L | 18 |
| M | 19 | S | 19 | D | 19 | M | 19 | V | 19 | L | 19 | M | 19 | S | 19 | M | 19 | J | 19 | D | 19 | M | 19 |
| J | 20 | D | 20 | L | 20 | J | 20 | S | 20 | M | 20 | J | 20 | D | 20 | M | 20 | V | 20 | L | 20 | M | 20 |
| V | 21 | L | 21 | M | 21 | V | 21 | D | 21 | M | 21 | V | 21 | L | 21 | J | 21 | S | 21 | M | 21 | J | 21 |
| S | 22 | M | 22 | M | 22 | S | 22 | L | 22 | J | 22 | S | 22 | M | 22 | V | 22 | D | 22 | M | 22 | V | 22 |
| D | 23 | M | 23 | J | 23 | D | 23 | M | 23 | V | 23 | D | 23 | M | 23 | S | 23 | L | 23 | J | 23 | S | 23 |
| L | 24 | J | 24 | V | 24 | **L** | **24** | M | 24 | S | 24 | L | 24 | J | 24 | D | 24 | M | 24 | V | 24 | D | 24 |
| M | 25 | V | 25 | S | 25 | M | 25 | J | 25 | D | 25 | M | 25 | V | 25 | L | 25 | M | 25 | S | 25 | **L** | **25** |
| M | 26 | S | 26 | D | 26 | M | 26 | V | 26 | L | 26 | M | 26 | S | 26 | M | 26 | J | 26 | D | 26 | M | 26 |
| J | 27 | D | 27 | L | 27 | J | 27 | S | 27 | M | 27 | J | 27 | D | 27 | M | 27 | V | 27 | L | 27 | M | 27 |
| V | 28 | L | 28 | M | 28 | V | 28 | D | 28 | M | 28 | V | 28 | L | 28 | J | 28 | S | 28 | M | 28 | J | 28 |
| S | 29 | M | 29 | M | 29 | S | 29 | L | 29 | J | 29 | S | 29 | M | 29 | V | 29 | D | 29 | M | 29 | V | 29 |
| D | 30 | | | J | 30 | D | 30 | M | 30 | V | 30 | D | 30 | M | 30 | S | 30 | L | 30 | J | 30 | S | 30 |
| L | 31 | | | V | 31 | | | M | 31 | | | L | 31 | J | 31 | | | M | 31 | | | D | 31 |

1. Je suis le sixième mois de l'année. — *juin*

2. Je suis le mois le plus court. — ........................................

3. Mon nom n'a que trois lettres. — ........................................

4. Je débute l'année. — ........................................

5. Je suis avant novembre. — ........................................

6. Mon nom commence par un J, j'ai 31 jours mais je ne suis pas janvier. — ........................................

7. Je suis après février. — ........................................

8. Mon nom commence par trois voyelles. — ........................................

9. Je finis l'année. — ........................................

10. Mon nom commence par un S. — ........................................

11. Mon nom commence par la première lettre de l'alphabet mais je ne suis pas août. — ........................................

12. Je suis l'avant-dernier mois de l'année. — ........................................

**7** **Complétez avec le nom du jour de la semaine.**

### Quelques jours fériés, cette année

1. Le 1er janvier tombe un *samedi*.

2. Pâques tombe le ........................... 23 avril.

3. Le 1er mai tombe un ........................... .

4. L'Ascension, tombe le ........................... 1er juin.

5. Le 14 juillet tombe un ........................... .

6. Le 15 août tombe un ........................... .

7. Le 1er novembre tombe un ........................... .

8. Noël est le ........................... 25 décembre.

**8** **Complétez avec l'emploi du temps de la famille Grenier.**

après-demain   hier   à la fin du mois   mercredi dernier   ~~demain soir~~

lundi prochain   avant-hier   au début du mois

### Nous sommes le lundi 19 juin

| JUIN | |
|---|---|
| J | 1 |
| V | 2 |
| S | 3 |
| D | 4 |
| L | 5 |
| M | 6 |
| M | 7 |
| J | 8 |
| V | 9 |
| S | 10 |
| D | 11 |
| L | 12 |
| M | 13 |
| M | 14 |
| J | 15 |
| V | 16 |
| S | 17 |
| D | 18 |
| L | 19 |
| M | 20 |
| M | 21 |
| J | 22 |
| V | 23 |
| S | 24 |
| D | 25 |
| L | 26 |
| M | 27 |
| M | 28 |
| J | 29 |
| V | 30 |

1. Michel a rendez-vous chez le médecin *demain soir* (**mardi 20 à 19 heures**).

2. Catherine passe un examen ........................... (**lundi 26**).

3. Aline va au musée avec une amie ........................... (**mercredi 21**).

4. Marc a commencé à travailler ........................... (**lundi 5**).

5. Brigitte a fêté son anniversaire ........................... (**dimanche 18**).

6. Adrien est allé au stade ........................... (**samedi 17**).

7. La famille sera en vacances ........................... (**vendredi 30**).

8. Cécile a été malade ........................... (**mercredi 14**).

| début du mois | mercredi dernier | avant-hier | hier | aujourd'hui | demain soir | après-demain | lundi prochain | fin du mois |
|---|---|---|---|---|---|---|---|---|

# La date, l'heure et les moments de la journée

**9** **Associez.**

| | | | |
|---|---|---|---|
| 1. | Un jour | a. | 100 ans |
| 2. | Un siècle | b. | 3 mois |
| 3. | Une semaine | c. | 6 mois |
| 4. | Un mois | d. | 7 jours |
| 5. | Un an | e. | 24 heures |
| 6. | Un trimestre | f. | 28, 29, 30 ou 31 jours |
| 7. | Un millénaire | g. | 1 000 ans |
| 8. | Un semestre | h. | 52 semaines |

| 1. | 2. | 3. | 4. | 5. | 6. | 7. | 8. |
|---|---|---|---|---|---|---|---|
| *e* | | | | | | | |

**10** **Complétez les phrases.**

millénaire  semaine  jour  trimestre  siècle  mois  ~~ans~~  semestres

1. Mon fils a 5 **ans**, aujourd'hui.
2. Le premier ............................................... d'une année commence en janvier.
3. Il est né au ............................................... de juin.
4. Quel ............................................... sommes-nous, aujourd'hui ?
5. Le jour de la ............................................... que je préfère est le samedi.
6. L'an 2001 est le début du XXI$^e$ ............................................... .
7. Une année se divise en deux ............................................... .
8. Le troisième ............................................... se terminera en 3000.

**11** **Soulignez la réponse correcte.**

1. – On est quel jour ?                              – <u>Jeudi</u> / Mardi prochain.
2. – Il est né quand ?                               – Le 23 décembre 1986 / Demain.
3. – Quelle est la date d'aujourd'hui ?             – Le 10 / Samedi.
4. – Tu reviens quand ?                             – Avant-hier / Au début du mois.
5. – Ton anniversaire, c'est quand ?                – Le 24 février / Hier.
6. – On est le combien ?                            – Trois jours / Le 1$^{er}$.
7. – Tu seras absent combien de temps ?             – Le 18 / Une semaine.
8. – Tu as passé combien de temps en Espagne ?      – Deux mois / Hier.

# La date, l'heure et les moments de la journée — Situations

**12** Complétez les phrases.

année   an   ~~soir~~   soirée   matin   matinée   jours   journée

– Je vais à l'Opéra ce **soir** (1).
– Bonne .......................................... (2) !

– 1er janvier ! Tous mes vœux !
– Merci ! Bonne .......................................... (3) !

– Je ne rentre pas à midi, j'ai cinq rendez-vous ce .......................................... (4) !
– Alors, bon courage pour cette longue .......................................... (5).
– Merci. Au revoir, bonne .......................................... (6) !

– Tu aimes la montagne ?
– J'adore ! Une fois par .......................................... (7), je passe au minimum quinze .......................................... (8)
dans les Alpes.

# SITUATIONS

**1** Complétez le dialogue.

S'informer
sur les horaires

matin   heure   16 h 30   après-midi
aujourd'hui   tout à l'heure

– Allô, cabinet médical, bonjour.
– Bonjour, je voudrais un rendez-vous avec le docteur Francoz, .......................................... (1),
si c'est possible, s'il vous plaît.
– Il ne reçoit pas ce .......................................... (2). Vous pouvez venir cet .......................................... (3) ?
– Oui, vers quelle .......................................... (4) ?
– À .......................................... (5), c'est possible ?
– Très bien. Je suis Madame Claux.
– Madame Claux, d'accord, donc à .......................................... (6).

**2** **Complétez le dialogue.**

S'informer
sur les horaires

dimanche  heure du déjeuner

midi et demie  horaires  tous les jours

après-midi

– Allô, bonjour, quels sont les ........................ (1)

d'ouverture du magasin ?

– Nous sommes ouverts de 9 h à

........................ (2) le matin, et...

– Ah ! Vous fermez à l'........................ (3) !

– Oui, et nous rouvrons l'........................ (4)

de 14 h à 19 h 30.

– Vous êtes ouvert ........................ (5) ?

– Oui, sauf le ........................ (6).

**3** **Complétez l'interview d'un grand voyageur.**

Dire ce que
l'on a fait

commencé  (à) la fin du  jours  passé  ans

février  duré  semaines  mois  année  décembre  hier

– Bonjour, vous rentrez d'un long voyage à l'étranger, vous êtes arrivé ........................ (1)

je crois, après une absence qui a ........................ (2) trois ........................ (3) à peu près, c'est ça ?

– Oui, je suis parti début 98 en ........................ (4) exactement.

– Vous pouvez nous raconter ?

– Je vais essayer. J'ai ........................ (5) ce voyage par le Japon où je suis resté neuf

........................ (6), jusqu'à ........................ (7) mois de novembre. Ensuite, j'ai ........................ (8)

une ........................ (9) complète sur le continent américain, en commençant par le Canada

où je ne suis resté que quelques ........................ (10), puis j'ai visité les États-Unis, le Mexique

et presque tous les pays d'Amérique latine.

– Et où avez-vous passé le réveillon de l'an 2000 ?

– En ........................ (11) 2000, je me trouvais en Afrique du Sud, à Johannesburg exactement.

C'était une fête grandiose. Mais je n'y suis resté que quelques ........................ (12), à peine

une semaine. Et j'ai poursuivi mon voyage à travers le continent africain. Et me voilà à Paris !

# LA VIE QUOTIDIENNE ET LES LOISIRS

➤ Dire ce que l'on fait ➤ Exprimer ses goûts ➤ Dire ce que l'on a fait

## A LES ACTIVITÉS QUOTIDIENNES

**1** Complétez les mots.

douche  coiffe  brosse les dents  réveille  rase  ~~maquille~~  habille

Elle se *maquille*.  Il se b_ _ _ _ _ _ _ _ _ _ _ _ _.  Il s'h_ _ _ _ _ _.  Elle se r_ _ _ _ _ _ _.

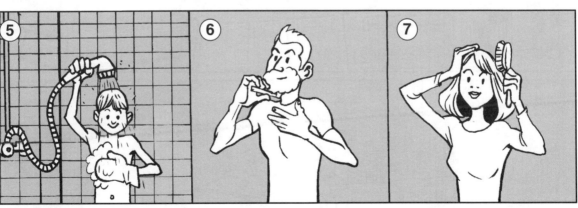

Il se d_ _ _ _ _.  Il se r_ _ _.  Elle se c_ _ _ _ _.

## La vie quotidienne et les loisirs

**2** Associez les phrases et les dessins. Écrivez le numéro du dessin.

Le matin

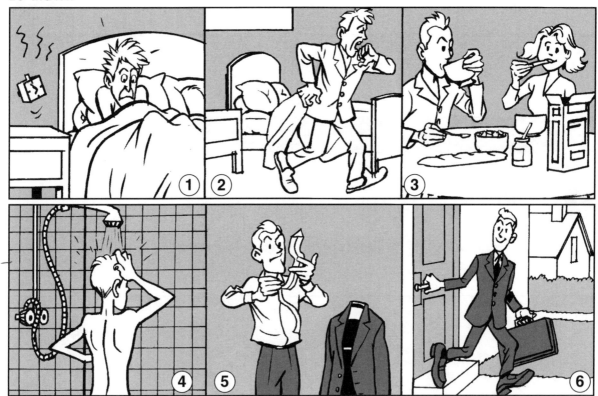

Le soir

# La vie quotidienne et les loisirs

**Le matin**

a.  Il s'habille.                                        **5**

b.  Il se réveille à 7 heures.                     .......

c.  Il quitte la maison vers 8 heures.      .......

d.  Il se douche.                                       .......

e.  Il prend son petit déjeuner.              .......

f.  Il se lève vers 7 heures 10.                 .......

**Le soir**

a.  Il dîne vers 19 heures 30.                         .......

b.  Il regarde la télé.                                         .......

c.  Il se couche vers 23 heures.                      .......

d.  Il rentre chez lui à 6 heures du soir.       .......

e.  Il se déshabille.                                           .......

f.  Il s'endort vers 23 heures 30.                    .......

**3** **Associez les verbes contraires.**

1.  Se réveiller

2.  Se lever

3.  S'habiller

4.  Quitter la maison

a.  Se déshabiller

b.  Rentrer à la maison

c.  S'endormir

d.  Se coucher

| 1. | 2. | 3. | 4. |
|----|----|----|----|
| c  |    |    |    |

**4** **Ces actions sont-elles faites généralement par les hommes (H), par les femmes (F), ou par les deux (H/F) ? Cochez la réponse correcte.**

|                        | H | F | H/F |
|------------------------|---|---|-----|
| 1.  Se coiffer         |   |   | ✗   |
| 2.  Se parfumer        |   |   |     |
| 3.  Se maquiller       |   |   |     |
| 4.  S'habiller         |   |   |     |
| 5.  Se brosser les dents |   |   |     |
| 6.  Se doucher         |   |   |     |
| 7.  Se raser           |   |   |     |

**5** Complétez les mots.

~~cuisine~~ ménage repassage lessive vaisselle courses

Il fait la *cuisine*.    Il fait le r_____.    Il fait le m_____.

Il fait la v_____.    Il fait les c_____.    Il fait la l_____.

**6** Complétez les phrases.

faire les courses    faire le ménage    faire le repassage
~~faire la lessive~~    faire la cuisine    faire la vaisselle

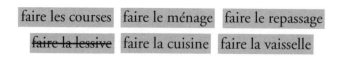

1.  J'aime m'occuper des vêtements : *faire la lessive* et ......................................................
    ne me dérange pas du tout.
2.  Moi, j'aime aller dans les magasins pour .................................... .
3.  Moi, j'aime ................................, préparer des petits plats mais j'ai horreur
    de .................................... .
4.  .................................... n'est pas passionnant mais si je veux un appartement propre,
    alors...

## B LE TEMPS LIBRE ET LES LOISIRS

### 7 Dites si la personne aime ou non. Cochez.

| | La personne aime. | La personne n'aime pas. |
|---|---|---|
| 1. J'adore lire. | X | |
| 2. Je déteste le cinéma. | | |
| 3. J'aime beaucoup le sport. | | |
| 4. J'ai une passion pour la musique. | | |
| 5. Je ne m'intéresse pas beaucoup au théâtre. | | |
| 6. La danse me passionne. | | |
| 7. J'ai horreur de la peinture moderne. | | |

### 8 Complétez les phrases.

1.   chant   chansons   chanteur   ~~chanter~~

Mon fils adore *chanter*, il prend des cours de ................................ une fois par semaine ;
c'est un bon ................................ et il aime les ................................ d'amour.

2.   dessiner   dessin   dessinateur

Pour devenir un bon ................................, il faut prendre des cours de ................................
et ................................ chaque jour.

3.   peinture   peindre   peintre

J'ai appris à ................................ dans un atelier de ................................ avec un
................................ très célèbre.

4.   lire   lecture   livres

Pour aimer la ................................, on doit ................................ les ................................ qu'on aime.

5.   danseur   danser   danse

Ma passion ? La ................................ . J'ai appris à ................................ à 5 ans et on dit que
je suis un bon ................................ .

6.   musicale   musiciens   musique

Dans notre famille, la ................................ est très importante, nous sommes
tous ................................ . Mon frère a même écrit une comédie ................................ .

**9** **Associez les questions et les réponses.**

1. Tu as beaucoup de temps libre ?
2. Quels sont tes goûts en musique ?
3. Quels sont tes passe-temps préférés ?
4. Il y a beaucoup de distractions dans ta ville ?
5. Qu'est-ce que vous faites pendant vos loisirs ?
6. Qu'est-ce que tu fais le soir ?

a. La peinture et le sport.
b. Je lis, je me promène et je me repose.
c. Non, je travaille beaucoup.
d. Ça dépend des jours.
e. Je préfère la musique classique.
f. Pas beaucoup, le cinéma et la discothèque.

| 1. | 2. | 3. | 4. | 5. | 6. |
|----|----|----|----|----|----|
| c  |    |    |    |    |    |

**10** **Remplissez la grille.**

orchestre   écran   billet   galerie   instrument   ~~tableaux~~   scène

1. Dans un musée, on admire des ... .
2. Le violon est un ... de musique.
3. Les acteurs sont sur la ... .
4. Pour entrer au cinéma, on doit acheter un ... .
5. Un peintre expose ses tableaux dans une ... .
6. Au cinéma, le film passe sur un ... .
7. Un ... est composé de musiciens.

**11** Complétez les mots (A), puis associez les lieux aux activités (B).
Écrivez le numéro du dessin.

café  parc  ~~cinéma~~  discothèque  salle d'opéra  théâtre  musée  stade  salle de concert

**A/**

1. Un *cinéma*
2. Un t\_ \_ \_ \_ \_ \_
3. Une d\_ \_ \_ \_ \_ \_ \_ \_ \_ \_
4. Une s\_ \_ \_ \_ \_ \_ \_ \_ \_ \_ \_ \_ \_ \_
5. Une s\_ \_ \_ \_ d'\_ \_ \_ \_ \_
6. Un c\_ \_ \_
7. Un p\_ \_ \_
8. Un s\_ \_ \_ \_
9. Un m\_ \_ \_ \_

**B/**

a. Voir un film.   *1*
b. Danser.   .........
c. Voir une pièce de théâtre.   .........
d. Se promener.   .........
e. Voir une compétition sportive.   .........
f. Écouter un orchestre.   .........
g. Prendre un verre.   .........
h. Voir une exposition.   .........
i. Voir un opéra.   .........

**12** **Barrez l'intrus.**

1.  Théâtre : **spectateurs / scène / ~~dessin~~**
2.  Cinéma : **billets / musiciens / écran**
3.  Peinture : **acteur / galerie / exposition**
4.  Musique : **orchestre / tableau / instruments**
5.  Danse : **film / ballet / chorégraphie**

**13** **Complétez les mots.**

football   roller   tennis   ~~natation~~   vélo   marche   jogging   gymnastique   escalade

1.  De la *natation*
2.  Du v_ _ _
3.  De l'e_ _ _ _ _ _ _
4.  Du r_ _ _ _ _
5.  Du f_ _ _ _ _ _ _
6.  Du j_ _ _ _ _ _
7.  De la m_ _ _ _ _
8.  Du t_ _ _ _ _
9.  De la g_ _ _ _ _ _ _ _ _

**14** Soulignez le mot correct.

1. Pour jouer au **tennis / <u>football</u>**, j'utilise un ballon.
2. Pour faire **du vélo / de la natation**, il faut de l'eau.
3. En montagne, on peut pratiquer **l'escalade / le roller**.
4. On joue **au football / au tennis** avec des balles.
5. Pour faire **de la natation / de la marche**, je dois avoir de bonnes chaussures.
6. Chaque matin, dans ma chambre, je fais un peu **de gymnastique / d'escalade**.
7. J'aime bien courir. Alors, le dimanche, je fais **du vélo / du jogging** près de chez moi.

**15** Dites si les personnes sont contentes (+) ou non (−). Cochez.

| | (+) | (−) |
|---|---|---|
| 1. C'est super ! | X | |
| 2. C'est ennuyeux ! | | |
| 3. Le film est extraordinaire ! | | |
| 4. Ces tableaux sont horribles ! | | |
| 5. C'est fantastique ! | | |
| 6. Ce danseur est merveilleux ! | | |
| 7. Les acteurs jouent très mal ! | | |
| 8. Ce spectacle est vraiment mauvais ! | | |
| 9. C'est génial ! | | |
| 10. C'est absolument nul ! | | |
| 11. C'est amusant ! | | |

# SITUATIONS

**1** Complétez cette lettre.

Dire ce que l'on fait

cours   loisirs   douche   cuisine   ménage   me lève   courses

petit déjeuner   quitte   sors   repassage   rentre   lessive   temps libre   cinéma

Chers parents,

Ma nouvelle vie d'étudiant s'organise peu à peu. Je ......................... (1) tous les matins vers 7 heures. Après une ......................... (2) rapide, je prends mon ......................... (3) et je ......................... (4) la maison. Je suis à la fac jusqu'à 4 heures et après je ......................... chez moi (5). Je réalise que vivre seul, c'est vraiment fatigant parce que, à la maison, je dois faire toutes les tâches ménagères : la ......................... (6) et le ......................... (7) pour mes vêtements, le ......................... (8) pour garder propre la maison. Je déteste ! La seule chose que j'aime, c'est faire la ......................... (9) parce que je découvre de nouvelles recettes.
Le problème, c'est que pour cuisiner, il faut faire les ......................... (10). Enfin !

Comme vous le voyez, je n'ai pas beaucoup de ......................... (11) et mes ......................... (12) sont peu nombreux : je ......................... (13) une ou deux fois par semaine dans le parc d'à côté et le week-end, je ......................... (14) avec des copains : nous allons au ......................... (15). Voilà ma vie.

Vous me manquez. Téléphonez-moi bientôt. Je vous embrasse.

Ahmed

**2** **Complétez cet e-mail.**

*Exprimer ses goûts*

> Flabib@caravan.fr
> Cherche ami(e) à Paris.
> Mes goûts : ping-pong, saxophone, peinture, cinéma.
> Farid. 16 ans. Classe de 1^re , lycée français – Tunis.

danse   joue   aime   tableaux   nage   musique   lecture   natation   passion   peinture

Farid,

Ton annonce m'intéresse. Je suis aussi en 1^re, au lycée Voltaire. J'ai 17 ans et comme toi,

j' ........................... (1) la ........................... (2), mais moi je ........................... (3)

de la guitare. Je fais aussi de la ........................... (4) dans un ballet. Comme sport,

je préfère la ........................... (5), je vais souvent à la piscine, je ........................... (6)

au moins 10 kilomètres par semaine. J'ai aussi une grande ........................... (7) pour

la ........................... (8), tous les types de livres. Je ne connais pas bien

la ........................... (9), mais j'aime beaucoup les ........................... (10)

des Impressionnistes. À bientôt !

Écris-moi. Gaëlle.

Gledoux@caravan.fr

**3** **Complétez ce dialogue entre deux étudiants.**

*Dire ce que l'on a fait*

pièce   chanté et dansé   exposition   orchestres   mauvais

jouer   acteurs   fantastique   ennuyeux   instrument   reposée   amusant

**Daniel :** J'ai passé le week-end à Londres. Samedi après-midi, je suis allé voir

une ........................... (1) de peinture moderne, c'était vraiment super, ........................... (2) !

Et le soir, je suis allé voir une ........................... (3) de théâtre. Les ........................... (4)

étaient vraiment ........................... (5), c'était ........................... (6), je suis parti avant

la fin ! Et toi, qu'est-ce que tu as fait ?

**Laure :** Moi, je suis allée à la Fête de la Musique.

**Daniel :** Qu'est-ce que c'est ?

**Laure :** Chaque année, le premier jour de l'été, tout le monde peut ........................... (7)

d'un ........................... (8) de musique dans la rue. Il y a des petits ........................... (9)

partout. C'est ........................... (10) ! Avec mes amis, on a ........................... (11) toute

la nuit. On est rentrés à la maison épuisés ! Le dimanche, je me suis ........................... (12).

# 3

# LA FAMILLE ET LES ÉVÉNEMENTS FAMILIAUX

➤ Informer sur un événement ➤ Faire des projets

## A LES MEMBRES DE LA FAMILLE

### 1 Complétez les mots.

cousin   sœur   fille   fils   tante   frère   nièce   ~~femme~~   mari   oncle

**La famille Lubac**

Charles (1982)   Maud (1984)

Maria (1983)

Jérôme et Sébastien (1980)

Isabelle (née Lubac)   Paul Lambert

Jeanne (née Tanguy)   Pascal Lubac

Patrick Lubac   Sophie (née Dollet)

Antoine Lubac   Marie (née Vrain)

Je te présente Jeanne, ma belle-fille, la *femme* (1) de mon f _ _ _ (2), Pascal. Et elle, c'est ma petite-fille, Maud, la f _ _ _ _ _ (3) d'Isabelle.

Voilà Jérôme, mon c _ _ _ _ _ _ (4), Patrick, mon o _ _ _ _ _ (5) et Sophie, ma t _ _ _ _ _ (6).

Je vous présente Paul, mon beau-frère, le m _ _ _ _ (7) de ma s _ _ _ _ _ (8), Isabelle. Et voilà, Maria, ma n _ _ _ _ _ (9), la fille de mon f _ _ _ _ _ (10), Pascal.

# CHAPITRE 3

# La famille et les événements familiaux

**2**  Associez.

| | | | |
|---|---|---|---|
| 1. | Le fils | a. | La mère |
| 2. | Le père | b. | La sœur |
| 3. | Le grand-père | c. | La fille |
| 4. | Le neveu | d. | La grand-mère |
| 5. | Le petit-fils | e. | La tante |
| 6. | Le cousin | f. | La femme |
| 7. | Le beau-frère | g. | La cousine |
| 8. | L'oncle | h. | La belle-sœur |
| 9. | Le frère | i. | La petite-fille |
| 10. | Le mari | j. | La nièce |

| 1. | 2. | 3. | 4. | 5. | 6. | 7. | 8. | 9. | 10. |
|----|----|----|----|----|----|----|----|----|-----|
| c | | | | | | | | | |

**3**  Complétez les phrases.

frères  cousin  petites-filles  ~~mari~~  petits-enfants

femme  oncles  cousines  tantes  petits-fils  sœur  belles-filles

1.  Isabelle a un *mari*, Paul Lambert.

2.  Isabelle a deux ........................................, Pascal et Patrick.

3.  La ........................................ de Patrick s'appelle Sophie.

4.  Sophie et Jeanne sont les ........................................ d'Antoine et de Marie.

5.  Antoine et Marie ont cinq ........................................ : trois ........................................ et

deux ........................................ .

6.  Maud est la ........................................ de Charles.

7.  Jérôme et Sébastien ont deux ..............................., Maud et Maria, et un ..............................,

Charles.

8.  Les ........................................ de Maria sont Paul et Patrick et ses ........................................

s'appelle Sophie et Isabelle.

**4** Vrai ou faux ? Cochez.

|  | Vrai | Faux |
|---|---|---|
| 1. Isabelle est la sœur de ma mère, c'est donc ma tante. | ✗ |  |
| 2. Mon père a un frère et trois sœurs, j'ai donc trois oncles et une tante. |  |  |
| 3. Mes deux frères sont mariés. J'ai deux belles-sœurs. |  |  |
| 4. Paul est marié à Isabelle. C'est sa sœur. |  |  |
| 5. Je suis mariée à Patrick, les parents de Patrick sont mes grands-parents. |  |  |
| 6. Marie est la mère d'Isabelle ; Isabelle est sa petite-fille. |  |  |
| 7. Je suis le beau-frère de Sophie qui est donc ma belle-sœur. |  |  |
| 8. Je suis l'oncle de Maria. Maria est mon neveu. |  |  |

**5** Complétez les mots sur les âges de la vie.

adultes  ~~bébé~~  personnes âgées  enfant  adolescent

1. un b*ébé* (de 0 à 3 ans)

4. des a_ _ _ _ _ _

2. une e_ _ _ _ _

3. un a_ _ _ _ _ _ _ _

5. des p_ _ _ _ _ _ _ _-_ _ _ _ _

**6** **Reliez.**

**La famille Dulac**

1. Ludovic a huit ans, c'est...

2. Pierre est né il y a deux ans, c'est encore...

3. Marie est au collège, elle a 13 ans, c'est...

4. Sophie et Benoît Dulac sont les parents de Marie, Ludovic et Pierre. Ce sont...

5. André et Gisèle sont les grands-parents nés en 1920. Ce sont...

- a.   un bébé
- b.   des adultes
- c.   un enfant
- d.   des personnes âgées
- e.   une adolescente

## B   LES ÉVÉNEMENTS FAMILIAUX

**7** **Complétez les mots.**

enterrement   ~~naissance~~   fiançailles   séparation   mort   mariage

La *naissance*

Les f_ _ _ _ _ _ _ _

Le m_ _ _ _ _ _

La s_ _ _ _ _ _ _ _

La m_ _ _ ou le décès

L'e_ _ _ _ _ _ _ _

**8** Associez les verbes et les noms.

| | |
|---|---|
| 1. Naître | a. L'enterrement |
| 2. Se séparer | b. Le décès |
| 3. Divorcer | c. La mort |
| 4. Se fiancer | d. Le mariage |
| 5. Se marier | e. La séparation |
| 6. Mourir | f. La naissance |
| 7. Décéder | g. Le divorce |
| 8. Enterrer | h. Les fiançailles |

| 1. | 2. | 3. | 4. | 5. | 6. | 7. | 8. |
|---|---|---|---|---|---|---|---|
| f | | | | | | | |

**9** Soulignez la définition correcte.

1. Il est veuf.          **<u>Sa femme est morte.</u> / Il n'est pas marié.**
2. Il est fiancé.        **Il est séparé. / Il va se marier.**
3. Il est célibataire.   **Il n'est pas marié. / Il a une famille nombreuse.**
4. Il est divorcé.       **Ses enfants sont partis. / Il ne vit plus avec sa femme.**
5. Il est marié.         **Il a une fiancée. / Il a une femme.**

**10** Complétez les phrases.

~~fiançailles~~   naissance   anniversaire   anniversaire de mariage   enterrement   mariage

1. Henri a demandé à Juliette de se marier avec lui. On fête leurs *fiançailles*.
2. Le bébé de Pierre et Marie est né : on fête sa ..................................... .
3. Un homme et une femme sont mariés depuis 25 ans :
   on fête leur ..................................... .
4. Cette fête est célébrée chaque année à la même date : c'est un ..................................... .
5. Nos amis vont se marier. On est invité à leur ..................................... .
6. Monsieur Tournier est décédé. Nous devons aller à son ..................................... .

**11** Complétez cet article.

| MICROBIO | |
|---|---|
| *Hebdomadaire* | Janvier 2001 n° 439 |

# ANNA ET CHRISTOPHE : C'EST FINI !

est né    couple    divorcer    ~~se sont rencontrés~~    fils    se sont mariés    est mort    célibataires

Christophe et Anna ***se sont rencontrés*** (1) au festival de Cannes en 1990 et ils ...........................
........................ (2) six mois plus tard. Pendant 10 ans, ils ont formé un ............................. (3)
merveilleux. Leur ...................................... (4) Kevin ...................................... (5) en 1992.
Mais, l'année dernière, rappelez-vous, le petit Kevin ...................................... (6) accidentellement
et ce drame a séparé Christophe et Anna. Ils ont décidé de ................................... (7). Les voilà
de nouveau tous les deux ................................... (8) !

# SITUATIONS

**1** Complétez les annonces.

*Informer sur un événement*

bébé    naissance    mariage    fille    fils    décès    maman    père

**Carnet du jour**

Nous avons la joie de vous annoncer la ............................. (1) de notre ............................. (2)
Jean-Marc. Le ............................. (3) se porte bien et sa ............................. (4) aussi.
Le papa est ravi.

Nous avons l'honneur de vous faire part du ............................. (5) de notre ............................. (6)
Amélie avec le Capitaine Romero.

Nous avons le regret de vous informer du ............................. (7) de notre ............................. (8)
Michel Lonsdalme, à l'âge de 87 ans.

**2** **Complétez le dialogue.**

---

### JUILLET

**LUNDI 3**
MONDAY/MONTAG/LUNEDI/LUNES
*Annie a 26 ans.* ❤
.................................................
.................................................

**MARDI 4**
TUESDAY/DIENSTAG/MARTEDI/MARTES
.................................................
.................................................
.................................................

**MERCREDI 5**
WEDNESDAY/MITTWOCH/MERCOLEDI/MIERCOLES
*Orléans, enterrement Jules*
.................................................
.................................................

**JEUDI 6**
THURSDAY/DONNERSTAG/GIOVEDI/JUEVES
.................................................
.................................................
.................................................

**VENDREDI 7**
FRIDAY/FREITAG/VENERDI/VIERNES
.................................................
.................................................

**SAMEDI 8**
SATURDAY/SAMSTAG/SABATO/SABADO
*50 ans Papi et Mamie* ❤
.................................................

**DIMANCHE 9**
SUNDAY/SONNTAG/DOMENICA/DOMINGO
*Repos !!!*
.................................................
.................................................

**NOTES**
.................................................
.................................................

---

anniversaire   oncle   belle-sœur   parents   tantes   cousines

grands-parents   fête de famille   anniversaire de mariage   enterrement

**Alain :** Enfin les vacances ! Tu veux venir avec moi au bord de la mer ? Je pars après-demain.

**Sonia :** Oui, bonne idée, mais pas tout de suite parce que, la semaine prochaine, je suis très

occupée. C'est fou ! Écoute ça ! Lundi, c'est l'.................................. (1) de ma

.................................. (2), la femme de mon frère Fabrice ! Mercredi, c'est un jour triste,

je dois aller à Orléans avec mes .................................. (3) pour l'.................................. (4)

de l'.................................. (5) Jules, un frère de maman. Samedi 8, c'est la grande

.................................. (6). Tout le monde est invité : mes oncles, mes .................................. (7),

mes cousins et mes .................................. (8) pour l'.................................. (9)

de mes .................................. (10) : 50 ans de mariage ! Tu te rends compte !

**Alain :** En effet ! Bon, à dans une semaine alors ? D'accord ?

**Sonia :** D'accord !

# LE LOGEMENT

➤ Demander des informations sur un lieu ➤ Décrire un lieu ➤ Informer sur des choses

## A LE LOGEMENT : L'EXTÉRIEUR ET L'INTÉRIEUR

**1** Écrivez les mots soulignés sur le dessin.

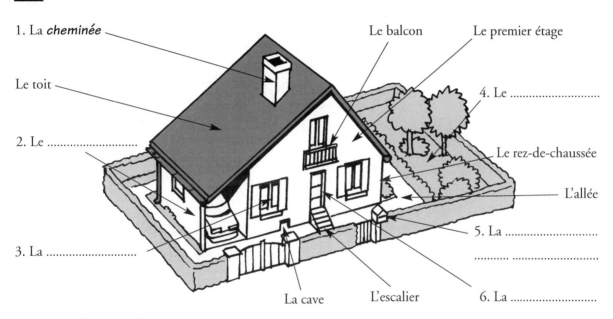

1. La *cheminée*

Le toit

2. Le ...........................

3. La ...........................

La cave

L'escalier

Le balcon

Le premier étage

4. Le ...........................

Le rez-de-chaussée

L'allée

5. La ...........................

.......... ...........................

6. La ...........................

La **cheminée** est sur le toit.

Il y a une <u>fenêtre</u> au-dessus de la cave.

On entre dans la maison par la <u>porte</u>. Autour de la maison, il y a un <u>jardin</u>.

La voiture est dans le <u>garage</u>. La <u>boîte aux lettres</u> est devant la maison.

**2** Vrai ou faux ? Cochez.

|  | | Vrai | Faux |
|---|---|---|---|
| 1. | La porte est au premier étage. | | ✗ |
| 2. | La boîte aux lettres est sur le toit. | | |
| 3. | Le balcon est dans la cave. | | |
| 4. | Il y a une fenêtre au premier étage. | | |
| 5. | L'allée est dans le jardin. | | |
| 6. | La cheminée est au rez-de-chaussée. | | |

**3** **Complétez le texte.**

Notre appartement a cinq *pièces* (1)
et se compose ainsi.
Quand on entre, à droite,
il y a les ............................. (2)
et trois ............................. (3).
Au bout du ............................. (4),
la ............................. (5). En face
des chambres, la ............................. (6)
et le ............................. (7).
À gauche de l'entrée, on trouve
la ............................. (8).

**4** **Associez.**

Généralement,

1.  Nous préparons nos repas
2.  Nous dormons
3.  Nous gardons le vin
4.  Nous prenons une douche
5.  Nous prenons les repas avec nos invités
6.  Nous recevons nos amis

a.  dans la chambre.
b.  dans la salle de bains.
c.  dans la cuisine.
d.  dans la salle à manger.
e.  dans le salon.
f.  dans la cave.

| 1. | 2. | 3. | 4. | 5. | 6. |
|---|---|---|---|---|---|
| c | | | | | |

**5** **Reliez les mots de la même famille.**

1.  Le soleil
2.  Le confort
3.  La clarté
4.  L'espace
5.  Le meuble
6.  La chaleur

a.  Meublé
b.  Chaud
c.  Spacieux
d.  Ensoleillé
e.  Clair
f.  Confortable

**6** Complétez le tableau.

vide ~~sombre~~ chaud spacieux

| Appartement confortable | clair | 2. ...................... | meublé | 4. ...................... |
|---|---|---|---|---|
| Appartement inconfortable | 1. *sombre* | petit | 3. ...................... | froid |

**7** Barrez les adjectifs qu'on ne peut pas utiliser pour décrire une pièce.

Une pièce peut être...

~~naturelle~~                    basse

agréable                         meublée

claire                           petite

confortable                      sombre

ensoleillée                      spacieuse

grosse

**8** Associez les verbes et les noms.

1. S'informer
2. Déménager
3. Vendre
4. Se renseigner
5. Louer
6. Acheter
7. Visiter
8. Signer

a. Un achat
b. Une information
c. Un renseignement
d. Une visite
e. Une signature
f. Un loyer
g. Une vente
h. Un déménagement

| 1. | 2. | 3. | 4. | 5. | 6. | 7. | 8. |
|---|---|---|---|---|---|---|---|
| *b* | | | | | | | |

**9** **Mettez les phrases dans l'ordre.**

**Si je veux louer un appartement...**

| | |
|---|---|
| Je paye mon loyer chaque mois. | ....... |
| Je regarde les petites annonces dans le journal. | *1* |
| Je visite l'appartement. | ....... |
| Je demande des renseignements. | ....... |
| Je signe le contrat. | ....... |
| Je vais à l'agence. | ....... |

**10** **Associez les abréviations et les mots.**

| | | | |
|---|---|---|---|
| 1. | appt. | a. | balcon |
| 2. | tt conf. | b. | pièces |
| 3. | ét. | c. | appartement |
| 4. | asc. | d. | étage |
| 5. | p. | e. | ascenseur |
| 6. | chbre | f. | mètres carrés |
| 7. | balc. | g. | chambre |
| 8. | nf | h. | cuisine |
| 9. | m² | i. | ancien |
| 10. | anc. | j. | tout confort |
| 11. | imm. | k. | immeuble |
| 12. | cuis. | l. | neuf |

> **À VENDRE**
> avenue Brion, chbre 24 m², balc., imm. nf, cuis. équipée.

> **À LOUER**
> rue Michet, appt. anc., 2 p., tt conf., 6e ét., asc.

| 1. | 2. | 3. | 4. | 5. | 6. | 7. | 8. | 9. | 10. | 11. | 12. |
|---|---|---|---|---|---|---|---|---|---|---|---|
| c | | | | | | | | | | | |

**11** **Écrivez les mots complets.**

J'ai visité un **appartement** (1) de trois ............................... (2)
dan un ............................... (3) ............................... (4), très chic,
au quatrième ............................... (5), avec ............................... (6).
C'est magnifique mais trop cher !

> **À VENDRE**
> imm. anc., 4e ét., asc., ~~appt.~~ 3 p.

## B LES MEUBLES ET LES OBJETS

**12** Écrivez les mots soulignés sur le dessin.

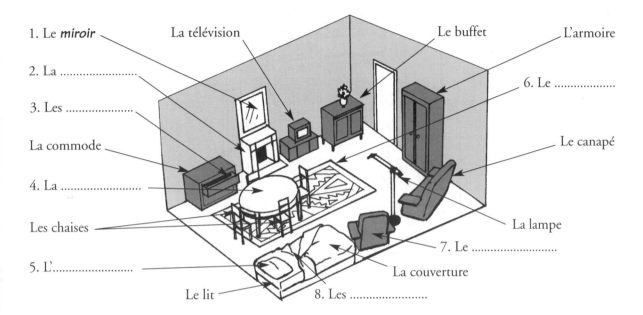

1. Le *miroir*

2. La .......................

3. Les ....................

La commode

4. La .......................

Les chaises

5. L'.......................

Le lit

La télévision

Le buffet

L'armoire

6. Le ..................

Le canapé

La lampe

7. Le .........................

La couverture

8. Les ........................

Sur le lit, il y a un <u>oreiller</u>, deux <u>draps</u> et une couverture.

Au centre de la pièce, on voit une <u>table</u> ronde et quatre  chaises , sur un <u>tapis</u>.

La <u>cheminée</u> est à côté de la télévision.

Le  canapé  et la lampe sont dans un coin de la pièce entre l'armoire et le <u>fauteuil</u>.

La commode a deux <u>tiroirs</u>.

Il y a un grand ***miroir*** au-dessus de la cheminée.

**13** Classez les objets.

~~un lit~~   une commode   un canapé   un fauteuil   un buffet   une chaise   une armoire   un tiroir

| On s'assoit dessus. | On range des affaires dedans. |
|---|---|
| 1. *un lit* | 2. ........................................ |
| ........................................ | ........................................ |
| ........................................ | ........................................ |
| ........................................ | ........................................ |

**14** Complétez les phrases.

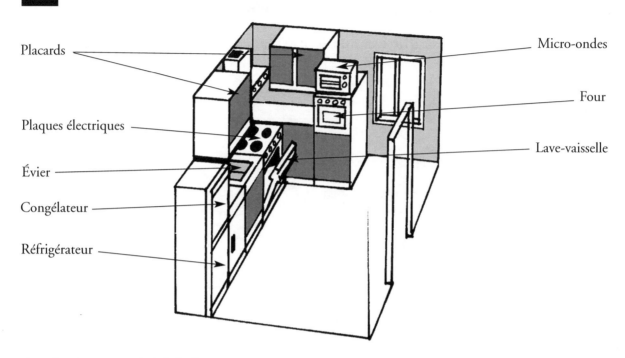

Placards

Plaques électriques

Évier

Congélateur

Réfrigérateur

Micro-ondes

Four

Lave-vaisselle

1. Le *four* est à côté de la fenêtre.

2. Au-dessus, il y a le ..................................... .

3. Les ..................................... sont juste à gauche du four.

4. Au-dessous, se trouve le ..................................... .

5. À l'extrême gauche, il y a le ..................................... avec, au-dessus, un ..................................... .

6. Entre les plaques électriques et le réfrigérateur, on a l'..................................... .

7. Au-dessus et au-dessous, il y a des ..................................... .

**15** Cochez la réponse correcte.

1. Je veux de l'eau fraîche, je la mets dans...

   ☐ le placard          ☐ le four          ☒ le réfrigérateur

2. On lave la salade dans...

   ☐ le lave-vaisselle          ☐ l'évier          ☐ le congélateur

3. La glace se garde bien dans...

   ☐ le congélateur          ☐ le micro-ondes          ☐ le placard

4. Vous cherchez les spaghettis ? Regardez dans...

   ☐ l'évier          ☐ le placard          ☐ le lave-vaisselle

5.   Si tu es pressé, on va réchauffer la soupe dans...

☐ le micro-ondes          ☐ le réfrigérateur          ☐ l'évier

6.   Pour faire cuire un steak, j'utilise...

☐ le congélateur          ☐ les plaques électriques          ☐ le placard

## 16 Complétez les mots.

plat   couteau   nappe   fourchette   ~~assiette~~   cuillère   bouteille   serviette   verre

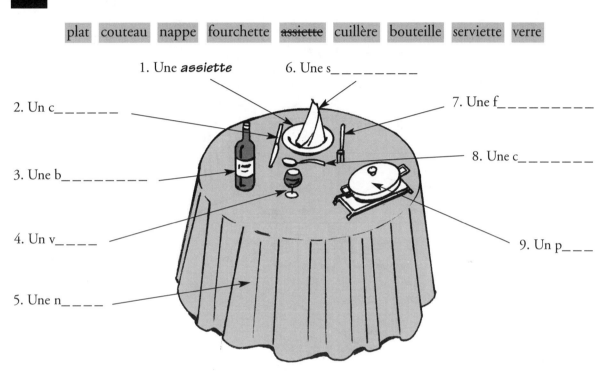

1. Une **assiette**

2. Un c_ _ _ _ _ _

3. Une b_ _ _ _ _ _ _

4. Un v_ _ _ _

5. Une n_ _ _ _

6. Une s_ _ _ _ _ _ _ _

7. Une f_ _ _ _ _ _ _ _

8. Une c_ _ _ _ _ _ _

9. Un p_ _ _

## 17 Remplissez la grille et retrouvez le mot manquant.

couteaux   plats   cuillères   nappe   bouteilles
assiettes   ~~fourchettes~~   verres   serviette

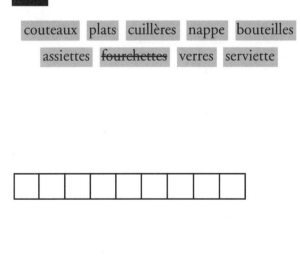

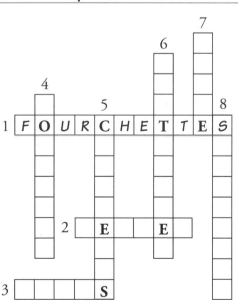

|   | 4 |   | 5 |   | 6 |   | 7 |   | 8 |
|---|---|---|---|---|---|---|---|---|---|

1  | F | O | U | R | C | H | E | T | T | E | S |

2  | | E | | E | |

3  | | | | | S | |

**18** **Complétez les mots.**

baignoire   lavabo   douche   brosse à cheveux   brosse à dents   rasoir   sèche-cheveux   ~~peigne~~

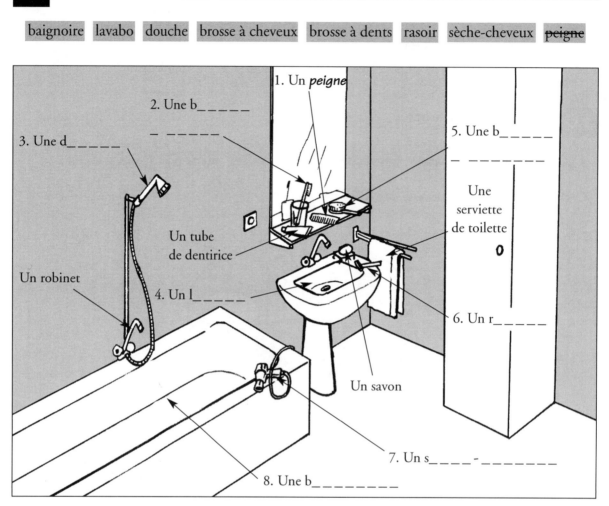

1. Un *peigne*

2. Une b_ _ _ _ _
   _ _ _ _ _ _

3. Une d_ _ _ _ _

5. Une b_ _ _ _ _
   _ _ _ _ _ _ _

Une
serviette
de toilette

Un tube
de dentirice

Un robinet

4. Un l_ _ _ _ _

6. Un r_ _ _ _ _

Un savon

7. Un s_ _ _ _ - _ _ _ _ _ _

8. Une b_ _ _ _ _ _ _ _

**19** **Complétez les phrases.**

rasoir   brosse à dents   baignoire   douche   tube de dentifrice
serviette de toilette   robinet   ~~savon~~

1.   Comment veux-tu que je me lave ? Il n'y a plus de *savon* !

2.   Ferme le ............................................, il y a assez d'eau !

3.   La ............................................ est pleine, prends ton bain.

4.   Ça fait une heure que tu es sous la ............................................ ! J'attends !

5.   Zut ! Mon ............................................ est en panne ! Je ne peux pas aller travailler
     avec une barbe comme ça !

6.   Qui a laissé la ............................................ par terre ?

7.   Qui est-ce qui a encore utilisé ma ............................................ ? C'est personnel !

8.   N'oublie pas d'acheter aussi un ............................................ .

# SITUATIONS

**1** **Complétez le dialogue.**

Demander des informations sur un lieu

ensoleillé   ascenseur   visiter   annonce
renseignements   étage   appartement

– Allô !
– Bonjour monsieur, je vous téléphone au sujet de l'............................... (1) pour le trois-pièces.
– Oui.
– Je voudrais quelques ............................... (2) supplémentaires, s'il vous plaît.
– Bien sûr.
– À quel ............................... (3) se trouve l'............................... (4) ?
– Au quatrième.
– Il y a un ............................... (5) ?
– Bien sûr.
– L'appartement est ............................... (6) ?
– Oui, toute la journée. Vous voulez le ............................... (7) ?

**2** **Complétez cette lettre.**

Décrire un lieu

baignoire   chambres   clair   déménagement   balcon

meuble   salle de bains   appartement   placards   équipée   grand

Chers amis,

Ça y est, notre ............................... (1) est terminé. Ce nouvel ............................... (2) est idéal pour notre grande famille. Il y a quatre ............................... (3), une grande ............................... (4) avec une douche et une ............................... (5). Il est vraiment ............................... (6) (105 m²) et très ............................... (7) : nous avons le soleil toute la journée. En plus, nous avons un grand ............................... (8). Pour le rangement, c'est formidable, il y a des ............................... (9) partout. La cuisine est toute ............................... (10). Chaque ............................... (11) a déjà trouvé sa place ; c'est parfait.
À bientôt.

Anne et Laurent

**3** Complétez cette carte de remerciements.

Informer
sur des choses

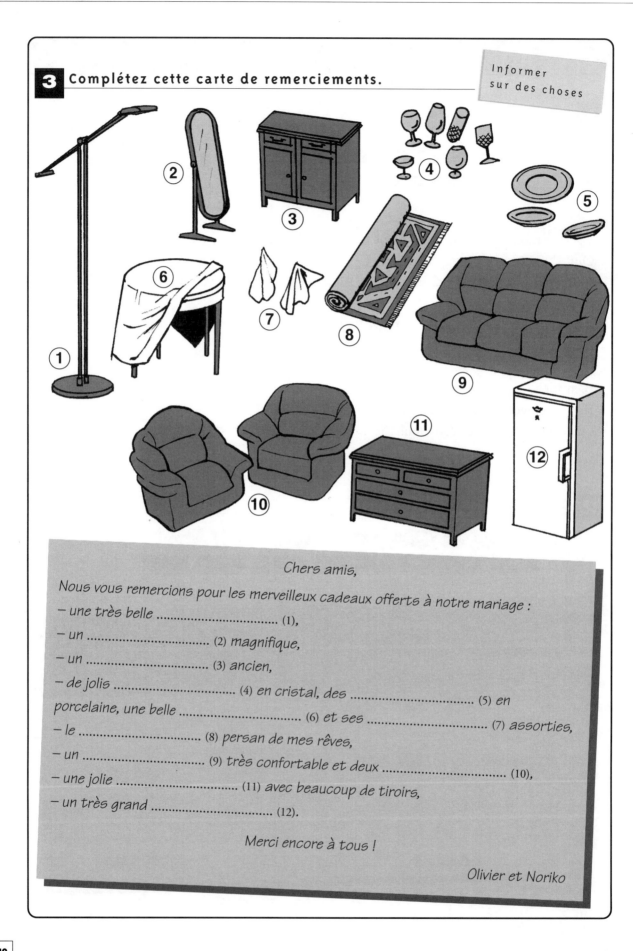

Chers amis,

Nous vous remercions pour les merveilleux cadeaux offerts à notre mariage :

– une très belle ................................. (1),

– un ................................. (2) magnifique,

– un ................................. (3) ancien,

– de jolis ................................. (4) en cristal, des ................................. (5) en porcelaine, une belle ................................. (6) et ses ................................. (7) assorties,

– le ................................. (8) persan de mes rêves,

– un ................................. (9) très confortable et deux ................................. (10),

– une jolie ................................. (11) avec beaucoup de tiroirs,

– un très grand ................................. (12).

Merci encore à tous !

Olivier et Noriko

# LA NOURRITURE

➤ Préciser la quantité et le nombre  ➤ Demander des informations / des précisions
➤ Exprimer ses goûts

## A  LES ALIMENTS ET LES BOISSONS

### 1  Complétez les mots.

| pain | fromage | ~~yaourt~~ | confiture | jus de fruit | thé | beurre | lait |

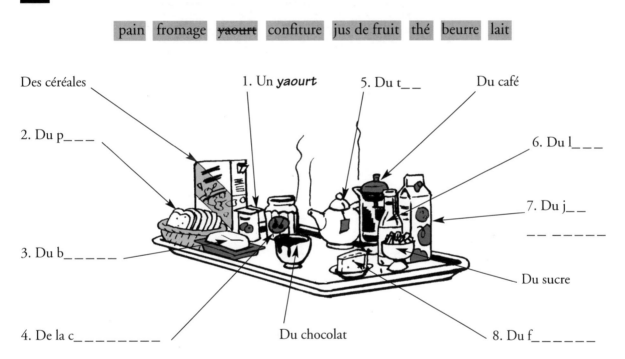

Des céréales

1. Un **yaourt**    5. Du t_ _    Du café

2. Du p_ _ _

6. Du l_ _ _

7. Du j_ _

_ _ _ _ _ _

3. Du b_ _ _ _ _

Du sucre

4. De la c_ _ _ _ _ _ _ _    Du chocolat    8. Du f_ _ _ _ _ _

### 2  Complétez le texte.

| beurre | café | céréales | chocolat | confiture | fromage | lait | ~~pain~~ | sucre | thé | yaourt |

« Le petit déjeuner français est vraiment petit. Mes enfants mangent des tartines, c'est-à-dire
du **pain** (1) avec du ........................................ (2) ou de la ........................................ (3),
des ........................................ (4) avec du ........................................ (5) froid et ils boivent souvent
du ........................................ (6).
Moi, je prends du ........................................ (7) noir sans ........................................ (8)
ou du ........................................ (9) nature. Je mange un ........................................ (10)
ou du ........................................ (11). »

**3** Complétez les mots.

**A/**        carottes   tomates   salade   concombre   oignons   ~~pommes de terre~~

1. Des *pommes de terre*

2. Des t_ _ _ _ _ _

3. Un c_ _ _ _ _ _ _ _

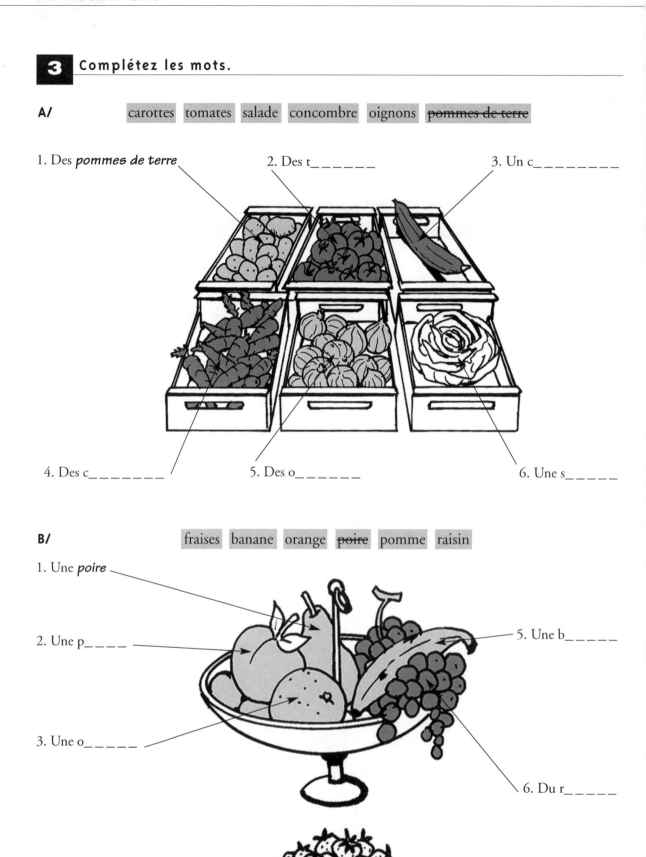

4. Des c_ _ _ _ _ _ _

5. Des o_ _ _ _ _ _

6. Une s_ _ _ _ _

**B/**        fraises   banane   orange   ~~poire~~   pomme   raisin

1. Une *poire*

2. Une p_ _ _ _ _

3. Une o_ _ _ _ _ _

5. Une b_ _ _ _ _ _

6. Du r_ _ _ _ _

4. Des f_ _ _ _ _ _

**4** Classez les fruits et légumes.

des pommes de terre   une poire   une banane   une pomme   ~~des tomates~~   des oignons
de la salade   du concombre   du raisin   des carottes   des fraises   une orange

| Salade pour une entrée | Salade pour un dessert |
|---|---|
| *des tomates* | ................................................. |
| ................................................. | ................................................. |
| ................................................. | ................................................. |
| ................................................. | ................................................. |
| ................................................. | ................................................. |
| ................................................. | ................................................. |

**5** Complétez les mots.

~~pâté~~   vin   viande   œufs   poisson   eau   poulet   champagne

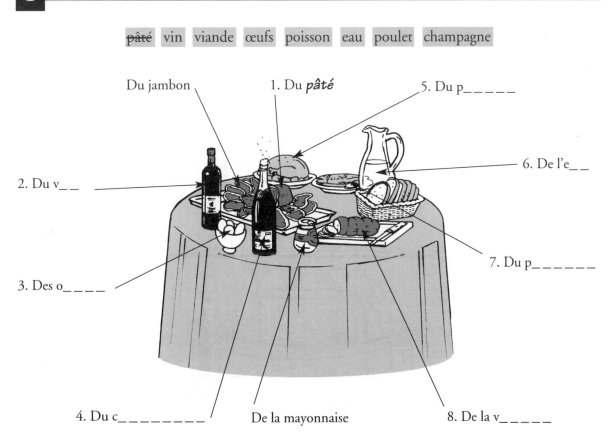

Du jambon

1. Du *pâté*

5. Du p_ _ _ _ _

2. Du v_ _

6. De l'e_ _

3. Des o_ _ _ _

7. Du p_ _ _ _ _ _

4. Du c_ _ _ _ _ _ _ _

De la mayonnaise

8. De la v_ _ _ _ _

**6** **Complétez avec les aliments.**

**Un buffet chez Cécile**

Assiette de Pauline

Assiette de Fabrice

Assiette d'Agathe

Pauline a pris :

du *pain*

du ..........................................

des ..........................................

du ..........................................

Fabrice a pris :

du ..........................................

de la *mayonnaise*

du ..........................................

Agathe a pris :

du *pâté*

du ..........................................

du ..........................................

de l'..........................................

**7** **Complétez les mots.**

poivre ~~moutarde~~ sel vinaigre huile

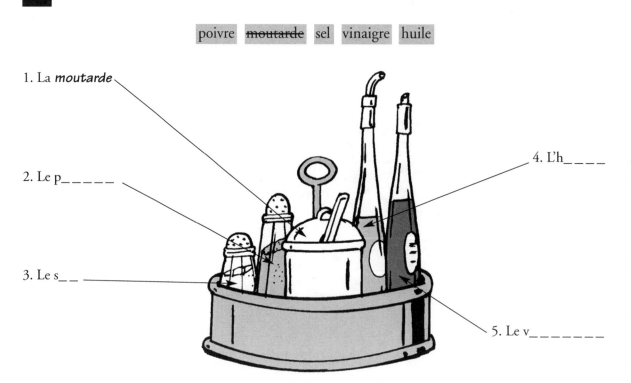

1. La *moutarde*

2. Le p_ _ _ _ _

3. Le s_ _

4. L'h_ _ _ _

5. Le v_ _ _ _ _ _ _

**8** **Associez les verbes et les noms.**

1. Saler
2. Poivrer
3. Huiler
4. Sucrer
5. Épicer
6. Beurrer

a. Le beurre
b. Le sucre
c. Le poivre
d. Le sel
e. L'huile
f. Les épices

| 1. | 2. | 3. | 4. | 5. | 6. |
|----|----|----|----|----|----|
| *d* |    |    |    |    |    |

**B** **AU RESTAURANT**

**9** **Écrivez les mots soulignés sur le dessin.**

Les <u>sandwichs</u> sont en bas à droite.

Les <u>croque-monsieur</u> sont en bas à gauche.

Entre les sandwichs et les croque-monsieur, vous avez les <u>quiches</u> et les <u>pizzas</u>.

Au-dessus des sandwichs, les <u>gâteaux</u>.

Au-dessus des croque-monsieur, les ***tartes***.

1. Les ***tartes***

2. Les _ _ _ _ _ _ -
_ _ _ _ _ _ _

3. Les _ _ _ _ _ _ _

4. Les _ _ _ _ _ _ _

5. Les _ _ _ _ _ _ _ _

6. Les _ _ _ _ _ _

## La nourriture

**10** Complétez les phrases.

gâteau   pizza   croque-monsieur   tarte   ~~quiches~~   sandwich

– Qu'est-ce que vous avez de chaud ?

– Nous avons des *quiches* (1), très chaudes.

– Bonjour, Monsieur, je voudrais un ................................. (2), s'il vous plaît.

– Oui, à quoi ?

– Au pâté.

– Je voudrais un ................................. (3) avec un œuf, s'il vous plaît.

– Mais, ça s'appelle un croque-madame, ça, Monsieur.

– Et pour moi, une ................................. (4). Vous pouvez rajouter un peu d'huile d'olive, s'il vous plaît ?

– Et pour vous, Mademoiselle ?

– Un ................................. (5) au chocolat, s'il vous plaît.

– Ah... je suis désolé, il ne me reste qu'une ................................. (6) aux pommes !

**11** Écrivez les mots soulignés sur le dessin.

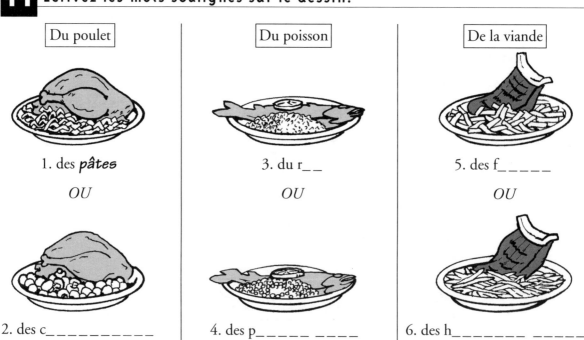

| Du poulet | Du poisson | De la viande |

1. des *pâtes*

*OU*

2. des c_ _ _ _ _ _ _ _ _ _

3. du r_ _

*OU*

4. des p_ _ _ _ _ _ _ _

5. des f_ _ _ _ _

*OU*

6. des h_ _ _ _ _ _ _ _ _ _ _

Avec le poulet, nous vous proposons des *pâtes* ou des champignons.

Avec le poisson, nous pouvons vous servir du riz ou des petits pois.

Avec la viande, vous avez des frites ou des haricots verts.

**12** **Classez les plats d'un menu.**

poisson   camembert   frites   glace à la crème Chantilly   haricots verts

œufs mayonnaise   tarte aux poires   salade de tomates   steak   yaourt

| L'entrée (pour commencer) | Le plat principal (pour continuer) | Le fromage | Le dessert (pour finir) |
|---|---|---|---|
| *œufs mayonnaise* | ............................ | ............................ | ............................ |
| ............................ | ............................ | ............................ | ............................ |
| | ............................ | | |
| | ............................ | | |

**13** **Remplissez la grille.**

crus   fort   tendre   délicieux   brûlant   dur   gras

1. C'est très, très chaud, c'est...
2. Je ne peux pas couper ce steak, il est trop...
3. Les crudités sont des légumes...
4. Il y a beaucoup de beurre et d'huile dedans, c'est...
5. C'est vraiment très bon, c'est...
6. C'est facile à couper, c'est...
7. Il y a beaucoup de poivre et de piment, c'est...

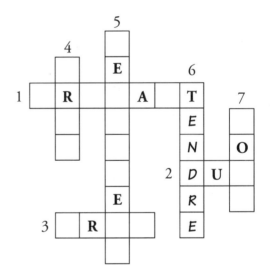

**14** **Complétez le tableau avec les contraires.**

sucré   fort   tendre   cru   immangeable   brûlant

| | | | |
|---|---|---|---|
| 1. délicieux | *immangeable* | 4. dur | ............................ |
| 2. froid | ............................ | 5. doux | ............................ |
| 3. salé | ............................ | 6. cuit | ............................ |

**15** **Associez les questions et les réponses.**

1. – Voulez-vous un café ?
2. – Vous avez choisi ?
3. – Vous prenez un apéritif ?
4. – Vous le voulez comment, votre steak ?
5. – Vous prenez un dessert ?
6. – Et pour Madame, ce sera ?

a. – Non, nous commandons tout de suite.
b. – Saignant, s'il vous plaît.
c. – Oui, vous avez quoi comme glaces ?
d. – Pour moi, un croque-monsieur.
e. – Non merci, je n'en bois jamais le soir.
f. – Pas encore.

| 1. | 2. | 3. | 4. | 5. | 6. |
|----|----|----|----|----|----|
| e  |    |    |    |    |    |

# SITUATIONS

**1** **Complétez ce petit mot à l'aide des dessins.**

Préciser la quantité et le nombre

*Chéri,*

*J'espère que tu n'as pas oublié que les Vernes viennent dîner ce soir. S'il te plaît, n'oublie pas d'acheter :*

*– deux kilos de* ............................................................ *(1),*

*– trois ou quatre* ......................................................... *(2),*

*– un kilo de* ................................................................. *(3),*

*– une bouteille d'* ......................................................... *(4).*

*Nous n'avons plus rien à boire alors prends aussi :*

*– trois bouteilles de* .................................... *rouge ou rosé (5),*

*– un pack de bouteilles d'* .......................................... *(6).*

*Et n'oublie pas de prendre aussi du* .......................... *(7)*

*et le* ...................................... *(8) au chocolat que j'ai commandé.*

*Je compte sur toi ! À ce soir, chéri !*

*Monica*

## 2 Complétez le dialogue.

œufs   pâtes   saignant   rosé   eau minérale

salade   frites   poisson   entrée

**Le serveur :** Bonjour Madame, bonjour Monsieur.

**Le couple :** Bonjour Monsieur.

**Le serveur :** Vous avez choisi ?

**Le couple :** Oui.

**Le serveur :** Alors, comme ........................... (1), ce sera ?

**La femme :** Pour moi, une ........................... (2) de tomates.

**L'homme :** Moi, je vais prendre des ........................... (3) mayonnaise.

**Le serveur :** Et ensuite ?

**La femme :** Moi, je ne veux pas de viande, je vais prendre le ........................... (4) du jour avec des ........................... (5).

**L'homme :** Pour moi, plutôt de la viande. Donnez-moi un steak ........................... (6) avec des ........................... (7).

**Le serveur :** Et comme boisson, qu'est-ce que je vous apporte ?

**L'homme :** Une bouteille d'........................... (8) et un quart de ........................... (9).

**Le serveur :** Parfait !

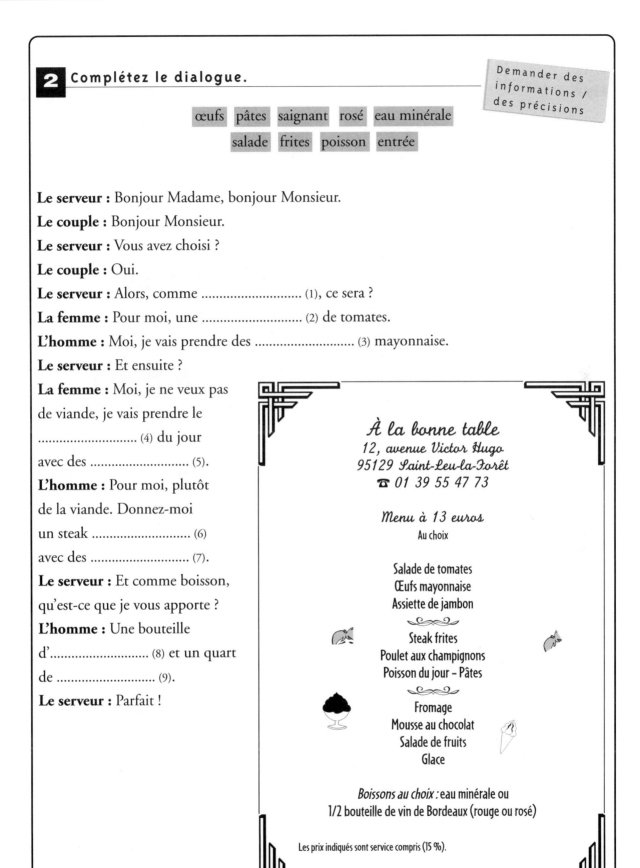

À la bonne table
12, avenue Victor Hugo
95129 Saint-Leu-la-Forêt
☎ 01 39 55 47 73

Menu à 13 euros
Au choix

Salade de tomates
Œufs mayonnaise
Assiette de jambon

Steak frites
Poulet aux champignons
Poisson du jour – Pâtes

Fromage
Mousse au chocolat
Salade de fruits
Glace

Boissons au choix : eau minérale ou
1/2 bouteille de vin de Bordeaux (rouge ou rosé)

Les prix indiqués sont service compris (15 %).

**3** **Complétez le dialogue.**

Exprimer ses goûts

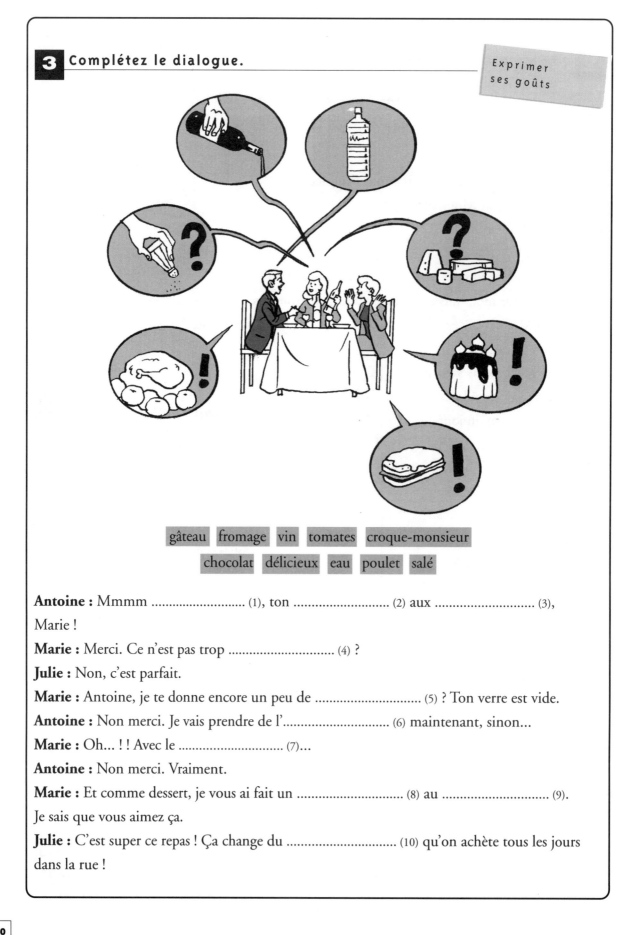

gâteau   fromage   vin   tomates   croque-monsieur
chocolat   délicieux   eau   poulet   salé

**Antoine :** Mmmm ........................ (1), ton ........................ (2) aux ........................ (3), Marie !

**Marie :** Merci. Ce n'est pas trop ........................ (4) ?

**Julie :** Non, c'est parfait.

**Marie :** Antoine, je te donne encore un peu de ........................ (5) ? Ton verre est vide.

**Antoine :** Non merci. Je vais prendre de l'........................ (6) maintenant, sinon...

**Marie :** Oh... ! ! Avec le ........................ (7)...

**Antoine :** Non merci. Vraiment.

**Marie :** Et comme dessert, je vous ai fait un ........................ (8) au ........................ (9). Je sais que vous aimez ça.

**Julie :** C'est super ce repas ! Ça change du ........................ (10) qu'on achète tous les jours dans la rue !

# LA VILLE

➤ Indiquer le chemin ➤ Décrire un lieu ➤ Comparer des choses

## A PROMENADE DANS LA VILLE

**1** Complétez les mots.

~~trottoir~~ feu rouge pont carrefour place passage piétons banlieue

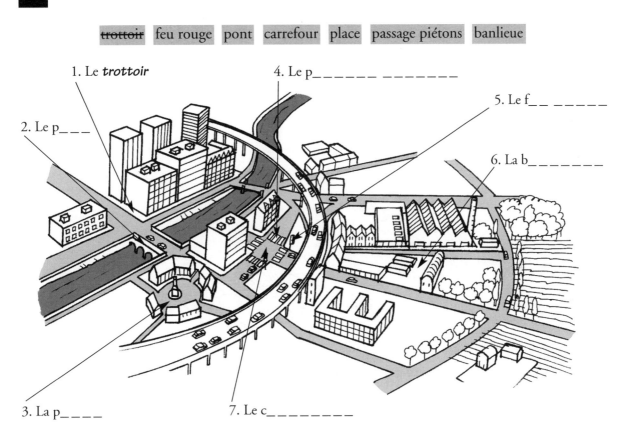

1. Le **trottoir**

4. Le p\_ \_ \_ \_ \_ \_  \_ \_ \_ \_ \_ \_ \_

5. Le f\_ \_  \_ \_ \_ \_ \_

2. Le p\_ \_ \_

6. La b\_ \_ \_ \_ \_ \_ \_

3. La p\_ \_ \_ \_

7. Le c\_ \_ \_ \_ \_ \_ \_ \_ \_

**2** Vrai ou faux ? Cochez.

| | Vrai | Faux |
|---|---|---|
| 1. Dans une ville, il y a plusieurs quartiers. | ✗ | |
| 2. Les motos peuvent circuler sur les trottoirs. | | |
| 3. Les automobilistes doivent s'arrêter au feu rouge. | | |
| 4. La banlieue est autour d'une ville. | | |
| 5. Les voitures traversent au passage piétons. | | |
| 6. La rivière passe sous le pont. | | |

**3** Retrouvez les mots à l'aide des dessins.

parc   mairie   bibliothèque   commissariat de police
gare   centre commercial   ~~stade~~   piscine

1.  Les sportifs vont s'entraîner au  .
    Un **stade**

2.  Les gens se promènent souvent le dimanche dans un  .
    Un p_ _ _

3.  Le maire de la ville travaille à la  .
    Une m_ _ _ _ _

4.  On va au  quand on nous a volé quelque chose.
    Un c_ _ _ _ _ _ _ _ _ _ _ _ _ _ _ _ _ _

5.  On va à la  pour prendre le train.
    Une g_ _ _

6.  On consulte des livres à la .
    Une b_ _ _ _ _ _ _ _ _ _ _

7.  On va nager à la .
    Une p_ _ _ _ _ _

8.  Le supermarché est généralement dans un .
    Un c_ _ _ _ _ _ _ _ _ _ _ _ _ _

**4** Associez les adjectifs contraires.

**Une ville peut être :**

1.  ancienne
2.  animée
3.  bon marché
4.  grande
5.  laide
6.  propre
7.  sûre
8.  triste

a.  belle
b.  dangereuse
c.  gaie
d.  moderne
e.  calme
f.  chère
g.  petite
h.  sale

| 1. | 2. | 3. | 4. | 5. | 6. | 7. | 8. |
|----|----|----|----|----|----|----|----|
| *d* |    |    |    |    |    |    |    |

**5** Associez les phrases et les dessins. Écrivez la lettre du dessin.

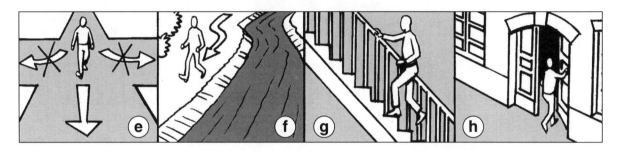

1. Il prend à gauche. ........
2. Il ne tourne pas, il continue tout droit. ........
3. Il monte les escaliers. *g*
4. Il traverse le pont. ........
5. Il entre dans l'immeuble. ........
6. Il traverse au feu rouge. ........
7. Il tourne à droite. ........
8. Il longe la rivière. ........

**6** Complétez avec les expressions contraires.

à droite   près   devant   en haut   à la sortie

1. à gauche          *à droite*
2. à l'entrée        .........................................
3. derrière          .........................................
4. en bas            .........................................
5. loin              .........................................

**7** Associez les phrases et les dessins. Écrivez le numéro du dessin.

Où est la mairie ?

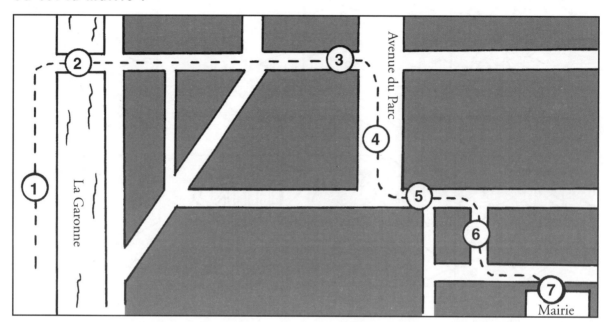

Vous allez tout droit jusqu'au carrefour. ........

Vous traversez le pont. ........

Vous descendez l'avenue. ........

À gauche, sur le trottoir de droite, ........

vous avez la mairie.

Au bout, vous tournez à gauche. ........

Vous longez la rivière. *1*

Vous prenez la deuxième à droite. ........

## B LES TRANSPORTS, LA CIRCULATION

**8** Complétez les phrases à l'aide des mots.

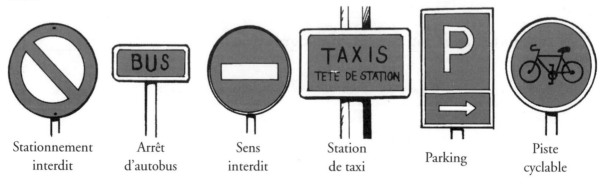

Stationnement interdit     Arrêt d'autobus     Sens interdit     Station de taxi     Parking     Piste cyclable

1. Le panneau **stationnement interdit** indique qu'une voiture ne peut pas se garer.

2. Les gens attendent le bus à l'............................................... .

3. Je ne peux pas entrer en voiture dans une rue en ............................................... .

4. Je vais prendre un taxi à la ............................................. .

5. J'ai laissé ma voiture dans un ............................................. .

6. La ............................................. est réservée aux personnes à vélo.

## 9 Associez.

1. Le cycliste
2. Le motard
3. Le piéton
4. Le chauffeur
5. L'automobiliste
6. Le passager
7. L'agent de police

a. conduit un taxi.
b. prend un bus, un métro ou un taxi.
c. possède une voiture.
d. marche sur le trottoir.
e. roule à moto.
f. règle la circulation.
g. circule à vélo.

| 1. | 2. | 3. | 4. | 5. | 6. | 7. |
|----|----|----|----|----|----|----|
| g |  |  |  |  |  |  |

## 10 Mettez dans l'ordre.

J'entre dans la station de métro.  *1*

Je monte dans la deuxième voiture.  ........

J'achète un ticket de métro.  ........

J'attends sur le quai.  ........

Je sors de la station, je suis arrivé.  ........

Je valide mon ticket.  ........

Je descends huit stations plus loin.  ........

## 11 Barrez l'intrus.

1. Le métro : le ticket, le quai, ~~le trottoir~~.
2. La gare : le train, le carrefour, le billet.
3. L'aéroport : la piste, le quai, l'avion.
4. L'autobus : le ticket, la station, le conducteur.
5. Le taxi : le chauffeur, la station, le billet.

## 12 Reliez et écrivez les mots composés.

passage •
centre •
feu •
rond •
station •
arrêt •

• de métro
• piétons
• d'autobus
• ville
• point
• rouge

1. *passage piétons*
2. .............................................
3. .............................................
4. .............................................
5. .............................................
6. .............................................

**13** **Cochez les phrases utilisées pour demander son chemin.**

1.  Pardon Madame, je cherche la poste.                    ✗
2.  Vous allez bien ?                                       ........
3.  Vous pouvez m'indiquer le centre commercial ?          ........
4.  Où est-ce que vous allez ?                             ........
5.  Je prends à gauche ou à droite ?                        ........
6.  Vous savez où est la gare ?                            ......
7.  Vous partez tout de suite ?                            ........
8.  Savez-vous où se trouve la piscine ?                    ........
9.  La bibliothèque, c'est bien par là ?                    ........
10. S'il vous plaît, vous êtes du quartier ? Je suis perdu. ........

# SITUATIONS

**1** **Complétez cette lettre.**

Indiquer le chemin

commissariat de police   descend   devant

gare   place   prenez   près   rue   tout droit   traversez

Chers Marie et Saïd,

Un petit mot pour vous dire que je ne pourrai pas venir vous chercher vendredi soir car votre train arrive trop tôt. Voici donc les indications pour venir chez moi. Vous verrez : à pied, ce n'est pas loin. Alors, quand vous sortez de la .............................. (1) vous prenez la grande .............................. (2) qui .............................. (3). Vous allez .............................. (4), vous passez .............................. (5) le .............................. (6) et là, vous .............................. (7) la deuxième à droite. Vous .............................. (8) la .............................. (9) avec une statue de Napoléon et vous voyez un grand immeuble blanc un peu plus loin. L'entrée est tout .............................. (10). Vous verrez, c'est facile à trouver.

Bon voyage. À vendredi.

Antoine

**2** **Complétez ce dialogue.**

Décrire
un lieu

animé  banlieue  calme  centre-ville  cher

dangereux  mairie  parc  quartier  train  transports

**Ingrid :** Tu habites à Lyon ?

**François :** Pas à Lyon, mais dans la ..................................... de Lyon (1).

**Ingrid :** C'est bien ? Tu aimes ?

**François :** Oui, c'est ..................................... (2), il n'y a pas beaucoup de bruit en général, mais quand je rentre le soir, je trouve ça assez ..................................... (3) parce qu'il n'y a pas beaucoup de gens dans les rues.

**Ingrid :** Et tu travailles où ?

**François :** Dans le ..................................... (4), dans le ..................................... (5) de la ..................................... (6). Et là, c'est très ..................................... (7) parce qu'il y a beaucoup de magasins.

**Ingrid :** Pourquoi est-ce que tu n'habites pas en ville ?

**François :** Parce que c'est ..................................... (8). Et puis, là où j'habite, il y a un ..................................... (9) où je me promène souvent.

**Ingrid :** Et pour les ..................................... (10), tu fais comment ?

**François :** J'ai 20 minutes de ..................................... (11). C'est tout !

**3** **Complétez cette interview.**

Comparer
des choses

vélo  prenez  dangereux  arrêts d'autobus  circulez  autobus  automobilistes

circulation  conduisent  métro  stations de métro  bus  voiture  marche

**Le journaliste :** S'il vous plaît, Madame, c'est pour une enquête sur les transports parisiens : vous avez une minute ?

**La passante :** Oui, mais pas plus.

**Le journaliste :** Vous ..................... (1) comment, en général : vous ..................... (2) le ..................... (3), l' ..................... (4), votre ..................... (5) ou vous avez un ..................... (6) ?

**La passante :** Je prends toujours le bus.

**Le journaliste :** Et vous pouvez me dire pourquoi ?

**La passante :** Vous savez, c'est moins cher que la voiture, c'est plus gai que le métro et avec les ..................... (7) qui ..................... (8) comme des fous, c'est moins ..................... (9) que le vélo ! Et puis, en ..................... (10), on peut aller partout : il y a beaucoup plus d'..................... (11) que de ..................... (12) et quand vraiment il y a trop de ..................... (13), je ..................... (14). Ça vous va ?

**Le journaliste :** Parfait. Je vous remercie. Au revoir, Madame, et bonne journée.

# 7 LES MAGASINS ET LES SERVICES

➤ Demandez des informations sur des choses ➤ Dire ce que l'on fait

## A LES MAGASINS

**1** Complétez les mots sur les dessins.

librairie ~~bijouterie~~ épicerie boucherie pharmacie
parfumerie charcuterie tabac marchand de journaux boulangerie

**2** **Associez pour retrouver les phrases.**

1. J'ai besoin d'un médicament, je vais...
2. Pour acheter de la viande, on va...
3. On peut acheter ce roman...
4. Elle commande un gâteau...
5. Je prends toujours mon pain...
6. J'ai vu un joli collier dans la vitrine...
7. Il y a toujours du poisson frais...
8. J'ai vu un nouveau magazine de cinéma...
9. Elle va chercher un parfum...
10. Achète-moi un briquet...

a. chez le boucher.
b. à la pâtisserie.
c. chez le marchand de journaux.
d. à la pharmacie.
e. à la poissonnerie.
f. à la librairie.
g. à la parfumerie.
h. de la bijouterie.
i. au tabac.
j. chez le boulanger.

| 1. | 2. | 3. | 4. | 5. | 6. | 7. | 8. | 9. | 10. |
|----|----|----|----|----|----|----|----|----|-----|
| d  |    |    |    |    |    |    |    |    |     |

**3** **Reliez les produits aux rayons de supermarché.**

1. Lessive, éponges, désodorisant
2. Pommes, fraises, haricots verts
3. Pain, croissants
4. Eau, vin, jus de fruits
5. Lait, yaourts, fromages
6. Shampooing, savon, gel douche
7. Parfums, maquillage

a. Fruits et légumes
b. Boulangerie
c. Hygiène
d. Crémerie
e. Boissons
f. Parfumerie
g. Entretien

**4** **Associez.**

1. Un paquet
2. Un pot
3. Une bouteille

a. de crème
b. de dentifrice
c. de sucre

| 4. | Un tube | | d. | de beurre |
| 5. | Une boîte | | e. | de chocolat |
| 6. | Un flacon | | f. | d'eau de toilette |
| 7. | Une plaquette | | g. | de haricots verts |
| 8. | Une tablette | | h. | de jus d'orange |

| 1. | 2. | 3. | 4. | 5. | 6. | 7. | 8. |
|----|----|----|----|----|----|----|----|
| c  |    |    |    |    |    |    |    |

## 5 Associez les phrases.

| 1. | – Tu as pris un kilo de tomates ? | a. | – Oui, une douzaine. |
| 2. | – Il faut du dentifrice. | b. | – Le flacon est très beau ! |
| 3. | – Il y a encore du sucre ? | c. | – Non, seulement une livre. |
| 4. | – Il n'y a plus de beurre, je crois. | d. | – Il y a une tablette dans le buffet. |
| 5. | – Je voudrais du chocolat. | e. | – Oui, encore un kilo. |
| 6. | – J'ai pris des jus de fruits. | f. | – Je vais en prendre deux tubes. |
| 7. | – On a des œufs ? | g. | – Trois bouteilles, c'est parfait ! |
| 8. | – Regarde, j'ai acheté ce parfum ! | h. | – Si, il reste une plaquette. |

| 1. | 2. | 3. | 4. | 5. | 6. | 7. | 8. |
|----|----|----|----|----|----|----|----|
| c  |    |    |    |    |    |    |    |

**6** Complétez les phrases.

c'est cher   ça fait combien en tout   je vous dois

elles sont à quel prix   ils font combien   ~~elle coûte combien~~

1. – Cette robe, s'il vous plaît, ***elle coûte combien*** ?
2. – En général, la vie ici, ......................................... ?
3. – Pardon Monsieur, ces lunettes, ............................................... ?
4. – Alors, j'ai les bananes, la bouteille d'huile et le thé, ......................................... ?
5. – ......................................... 10 euros ? Voilà !
6. – Ces gants en promotion, ..................................., s'il vous plaît ?

**7** Classez les demandes dans le tableau. Écrivez leur numéro.

1. – Ces tomates, elles sont à combien ?
2. – ~~Est-ce que vous avez de l'huile d'olive ?~~
3. – Je voudrais trois tranches de jambon.
4. – Combien coûte ce parfum ?
5. – Vous n'avez plus de saucisses ?
6. – C'est combien ?
7. – Combien je vous dois ?
8. – Est-ce qu'il vous reste des croissants ?
9. – Vous pouvez me dire le prix de ce CD ?

| A/ Pour demander un produit | B/ Pour demander le prix |
|---|---|
| 2 ......................................... | ......................................... |

**8** Complétez les mots.

### Pour payer dans les magasins

~~caisse~~   carte bancaire   pièces de monnaie   billet   chèque

1. La *caisse*

4. Le c_ _ _ _ _

3. Le b_ _ _ _ _

2. Les p_ _ _ _ _

_ _ _ _ _ _ _ _

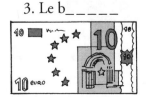

5. La c_ _ _ _

_ _ _ _ _ _ _

61

**9** Complétez le texte.

supermarché   carte bancaire   ~~courses~~   produits   articles en promotion   caisse   rayons

Tous les samedis matins, Madame Delprat va faire ses ***courses*** (1) dans un ................................ (2)
pas très loin de chez elle. Elle prend un chariot où elle met tous les ................................ (3)
qu'elle choisit dans les différents ................................ (4). Pour payer moins cher, elle compare
les prix et achète plutôt les ................................ (5). Quand elle a fini, elle passe
à la ................................ (6) et paye en général avec sa ................................ (7).

## B LES SERVICES

**10** Complétez les mots sur les dessins.

office de tourisme   salon de coiffure   agence immobilière   ~~pressing~~
bureau de change   poste   station-service   agence de voyages

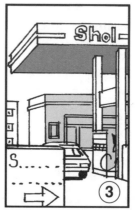

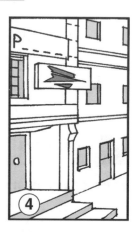

**11** Complétez les phrases.

commissariat de police  station-service  pressing  office de tourisme

agence de voyages  bureau de change  poste  banque

1. On m'a volé ma voiture, je vais au *commissariat de police*.
2. Pour acheter de l'essence, je vais à la ......................................................................... .
3. J'ai besoin d'informations touristiques, je vais à l'.......................................................... .
4. Pour envoyer une lettre, je vais à la ............................................................................... .
5. Je donne mes vêtements à nettoyer, je vais au ............................................................... .
6. Pour changer de l'argent, je vais au .............................................................................. .
7. Je veux réserver un billet d'avion, je vais à l'................................................................. .
8. Je veux ouvrir un compte, je vais à la ............................................................................ .

**12** Barrez l'intrus.

1. J'ai mal aux dents. Je vais **à l'aéroport** / **chez le dentiste**.
2. Je veux prendre le TGV. Je dois aller **au restaurant** / **à la gare**.
3. Il arrive en avion. Je l'attends **à l'aéroport** / **à la poste**.
4. Je viens à Paris. Je réserve une chambre à **la banque** / **à l'hôtel**.
5. Je cherche un appartement. J'entre **à la gare** / **dans une agence immobilière**.
6. Nous avons faim. Allons dîner **à la poste** / **au restaurant**.

**13** Associez.

| On va... | | pour... |
|---|---|---|
| 1. Au restaurant | a. | Envoyer un paquet / acheter des timbres |
| 2. À l'office de tourisme | b. | Regarder les annonces / louer un appartement |
| 3. À l'agence immobilière | c. | Ouvrir ou fermer un compte / déposer ou retirer de l'argent |
| 4. Au salon de coiffure | d. | Se renseigner sur une région / prendre des dépliants |
| 5. À la banque | e. | Regarder le menu / demander l'addition / dîner |
| 6. À la poste | f. | Prendre un rendez-vous / se faire coiffer |

| 1. | 2. | 3. | 4. | 5. | 6. |
|---|---|---|---|---|---|
| e | | | | | |

**14** Associez les verbes et les noms.

| | |
|---|---|
| 1. Retirer | a. Le change |
| 2. Dépenser | b. Un virement |
| 3. Virer | c. Une dépense |
| 4. Verser | d. Un prêt |
| 5. Changer | e. Un remboursement |
| 6. Rembourser | f. Un retrait |
| 7. Prêter | g. Un versement |

| 1. | 2. | 3. | 4. | 5. | 6. | 7. |
|---|---|---|---|---|---|---|
| f | | | | | | |

**15** Complétez les phrases.

rembourser dépenser change changer retrait

1. J'ai acheté une maison à crédit et je dois **rembourser** 1 250 euros tous les mois.
2. Pour partir à Rio la semaine prochaine, je dois aller à la banque .............................. de l'argent.
3. Ils vont certainement ................................... beaucoup d'argent pour le mariage de leur fille.
4. Je suis désolée, Monsieur, vous ne pouvez pas faire de ..................................., il n'y a plus d'argent sur votre compte.
5. Y a-t-il un bureau de ..................................., près d'ici ?

**16** Complétez les instructions.

**Au distributeur**

retirez carte billets code secret introduisez ticket montant

1. **Introduisez** votre .......................................... .
2. Tapez votre .........................................., puis validez.
3. Choisissez votre .......................................... .
4. .......................................... votre carte.
5. N'oubliez pas vos .......................................... et votre .......................................... .

**17** Qui parle ? L'employé ou le client ? Cochez.

|  | L'employé | Le client |
|---|---|---|
| 1. Je peux vous aider ? | X |  |
| 2. Je cherche... |  |  |
| 3. Je voudrais... |  |  |
| 4. Je vais prendre... |  |  |
| 5. Vous signez ici, s'il vous plaît. |  |  |
| 6. Votre code, s'il vous plaît. |  |  |
| 7. Je peux payer par chèque ? |  |  |
| 8. Vous prenez les cartes de crédit ? |  |  |
| 9. L'addition, s'il vous plaît. |  |  |
| 10. Et pour vous ? |  |  |
| 11. Vous êtes ouvert le samedi ? |  |  |
| 12. Vous fermez à quelle heure ? |  |  |
| 13. On s'occupe de vous ? |  |  |
| 14. Merci, je regarde. |  |  |
| 15. C'est pour offrir, je peux avoir un paquet-cadeau ? |  |  |

# SITUATIONS

**1** Mettez le dialogue dans l'ordre.

Demander des informations sur des choses

– Voilà. Vous désirez autre chose ?  ........

– Alors, ça fait 3 euros.  ........

– Oui, quelle marque ?  ........

– Au revoir Monsieur.  ........

– Non merci, c'est tout.  ........

– Merci Madame, au revoir.  ........

– Beldents.  ........

– Bonjour Madame, je voudrais un tube de dentifrice.  ........

**2** Complétez le dialogue.

## À la librairie

| cela vous fait | il coûte combien | chèque | billet | vous n'avez pas de monnaie |

| je peux vous aider | il vous faut autre chose | je cherche | combien je vous dois |

– Bonjour Mademoiselle, ................................................. (1) ?

– Bonjour Monsieur, ................................................. (2) un guide des restaurants de Paris.

– Oui, Mademoiselle. Tenez, regardez. Celui-ci est très pratique.

– ................................................. (3) ?

– 20,35 euros.

– D'accord, je le prends.

– ................................................. (4) ?

– Oui, un plan de Paris.

– Voilà.

– ................................................. (5) ?

– 20,35 euros plus 9 euros, ................................................. (6) 29,35 euros.

– Tenez.

– Oh ................................................. (7) ?

– Non, je suis désolée, je n'ai qu'un ................................................. (8) de 100 euros.

Si vous préférez, je peux payer par ................................................. (9) ?

– Non, ça va aller.

– Merci, au revoir Monsieur.

– Au revoir Mademoiselle. Bonne journée !

**3** Complétez le dialogue.

| chèque | ai prêté | retirer | rembourse | doit | dépenser | changer |

**Jacques :** Je passe à la banque, je dois ........................... (1) de l'argent parce que

je vais ........................... (2) beaucoup ce week-end.

**Charles :** Bon, je vais avec toi, je vais ........................... (3) ces dollars en euros. J'........................... (4)

de l'argent à ma sœur, j'aimerais bien qu'elle me ........................... (5).

**Jacques :** Elle te ........................... (6) beaucoup ?

**Charles :** Environ 50 euros.

**Jacques :** Si tu veux, je peux te faire un ........................... (7).

**Charles :** Non, tu es gentil, pour l'instant ce n'est pas la peine, merci.

# LE CORPS

➤ Informer sur les personnes ➤ Donner des directives ➤ S'informer sur la personne

## A LES PARTIES DU CORPS

 **1** Complétez les mots.

poitrine genou tête pied main
cou jambe cœur dos bras

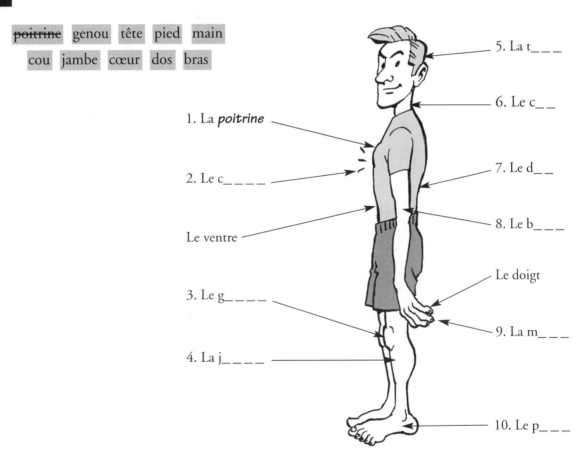

1. La *poitrine*

2. Le c_ _ _ _

Le ventre

3. Le g_ _ _ _

4. La j_ _ _ _

5. La t_ _ _

6. Le c_ _

7. Le d_ _

8. Le b_ _ _

Le doigt

9. La m_ _ _

10. Le p_ _ _

**2** Complétez les phrases.

bras dos mains pieds ventre jambes tête

1. Au rugby, on peut jouer avec les *pieds* et les ......................................... .
2. Je peux nager sur le ......................................... ou sur le ......................................... .
3. Au football, je peux marquer un but avec la ......................................... .
4. Les sportifs ont les ......................................... et les ......................................... musclés.

**3** Complétez les mots du visage.

nez  bouche  ~~œil~~  cheveux
menton  langue  gorge  dent
oreille  lèvre

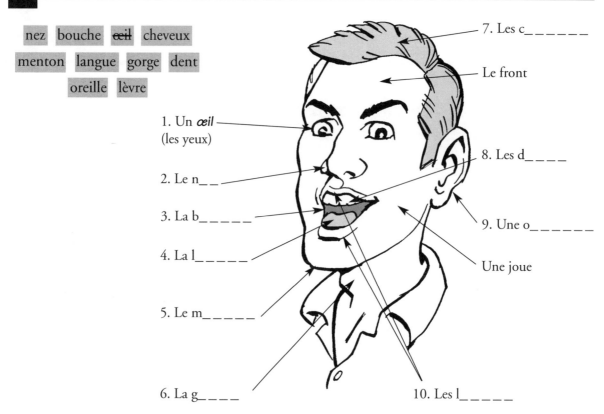

7. Les c _ _ _ _ _ _

Le front

1. Un *œil*
(les yeux)

2. Le n _ _

3. La b _ _ _ _ _

4. La l _ _ _ _ _

5. Le m _ _ _ _ _

6. La g _ _ _ _

8. Les d _ _ _ _

9. Une o _ _ _ _ _ _

Une joue

10. Les l _ _ _ _ _

**4** Remplissez la grille.

~~oreilles~~  nez  yeux  langue  dents  lèvres  tête  bouche

1. J'écoute avec les *oreilles*.
2. Je dis « oui » ou « non » avec la ... .
3. Je sens avec le ... .
4. Je regarde avec les ... .
5. Je parle avec la ... .
6. Je mords avec les ... .
7. Je goûte avec la ... .

|  |  | 5 |  | 6 |  |  | 8 |
|---|---|---|---|---|---|---|---|
|  |  |  |  |  | 7 |  |  |
| 1 | O | R | E | I | L | L | E | S |

| 4 |
|  |
| 2 | | E | | E |
| 3 | | | E |

**5** Mettez les lettres dans l'ordre et complétez.

1. J'ai trop regardé la télévision alors j'ai mal aux *yeux*. ~~XUYE~~
2. La musique est trop forte : ça me fait mal aux .......................... . LRSELOEI
3. J'ai trop marché et j'ai mal aux .......................... . ISPDE
4. J'écris mal parce que j'ai mal à la .......................... . NAMI
5. J'ai mal au .......................... parce que j'ai trop mangé. ETVRNE
6. Je prends du sirop parce que j'ai mal à la .......................... . GGERO
7. J'ai porté une valise lourde et j'ai mal au .......................... . SOD

**6** Classez les noms. (N'oubliez pas l'article.)

~~bouche~~  dents  cheveux  pieds  jambes  dos  poitrine  ventre  genoux

mains  joues  menton  gorge  cœur  doigts

| A/ Tête | B/ Haut du corps | C/ Bas du corps |
|---|---|---|
| la bouche | .......................... | .......................... |
| .......................... | .......................... | .......................... |
| .......................... | .......................... | .......................... |
| .......................... | .......................... | |
| .......................... | .......................... | |
| .......................... | .......................... | |

**7** Associez les verbes et les parties du corps.

~~boire~~  sentir  courir  voir  mordre  écouter  goûter  tenir  toucher  sauter

regarder  caresser  frapper  observer  marcher  entendre

| A/ Bouche | B/ Mains | C/ Jambes | D/ Yeux | E/ Oreilles | F/ Dents | G/ Nez |
|---|---|---|---|---|---|---|
| boire | .......... | .......... | .......... | .......... | .......... | .......... |
| .......... | .......... | .......... | .......... | .......... | | |
| | .......... | .......... | .......... | | | |
| | .......... | .......... | | | | |

**8** **Complétez les verbes.**

Le danseur 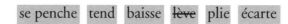 se penche  tend  baisse  ~~lève~~  plie  écarte

3. Il p_ _ _ _ les genoux.     5. Il s_ _ _ _ _ _ _ en avant.

1. Il l**ève** les bras.

2. Il é_ _ _ _ _ les jambes.     4. Il t_ _ _ le bras.

6. Il b_ _ _ _ _ la tête.

**9** **Complétez les verbes.**

debout  couchée  assoit  ~~couche~~  assise  lève

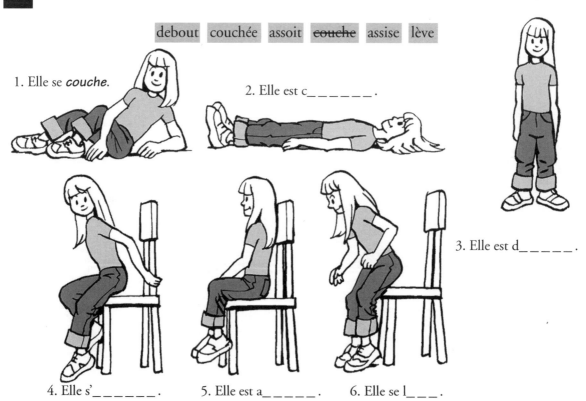

1. Elle se *couche*.     2. Elle est c_ _ _ _ _ _ _.

3. Elle est d_ _ _ _ _ _.

4. Elle s'_ _ _ _ _ _.     5. Elle est a_ _ _ _ _.     6. Elle se l_ _ _.

**10** Complétez ce dialogue à l'aide des dessins.

> levé   baissé   écarter   ~~lever~~   assis   tendre   couché   penché

**Yvette :** Alors, ce premier cours de gymnastique ? Vous avez fait beaucoup d'exercices ?

**Sylvie :** Ah ça oui ! D'abord, il fallait *lever* les bras (1) et ...................................

les jambes (2) . On devait bien ................................... les bras (3) au maximum.

Puis, on s'est ............................... en avant (4) et on a ................................... les bras (5)

trois ou quatre fois.

**Yvette :** Pas de pause ?

**Sylvie :** Non. On s'est ensuite ................................... (6) , puis on s'est

................................... (7) et on s'est ................................... (8) plusieurs fois

pendant dix minutes.

**Yvette :** La prochaine séance, c'est quand ?

## B LA DESCRIPTION PHYSIQUE

**11** Complétez les phrases.

> gros   taille moyenne   mince   ~~petit~~   grand   maigre

1. Il est *petit*.
2. Il est g_ _ _ _ .

3. Elle est m_ _ _ _ _ .
4. Il est m_ _ _ _ _ _ .

5. Elle est de t_ _ _ _ _  _ _ _ _ _ _ _ .
6. Il est g_ _ _ .

**12** Associez les adjectifs et les verbes.

1. Jeune
2. Mince
3. Grand
4. Gros
5. Vieux
6. Maigre

a. Grandir
b. Maigrir
c. Rajeunir
d. Vieillir
e. Mincir
f. Grossir

| 1. | 2. | 3. | 4. | 5. | 6. |
|----|----|----|----|----|----|
| c  |    |    |    |    |    |

**13** Complétez les phrases.

~~crépus~~ chauve longs courts bouclés raides mi-longs

1. « J'ai les cheveux *crépus.* »

2. « J'ai les cheveux b_ _ _ _ _ _ . »

3. « J'ai les cheveux c_ _ _ _ _ . »

4. « Je suis c_ _ _ _ _ . »

5. « J'ai les cheveux l_ _ _ _ . »

6. « J'ai les cheveux r_ _ _ _ _ . »

7. « J'ai les cheveux m_ - _ _ _ _ _ . »

**14** Complétez l'annonce.

taille moyenne   bouclés   gros   mince   longs   ~~grand~~

La société de production *Les Films du Carrosse* recherche :

– un homme **grand** (1) (minimum 1,90 m) ................................. (2) (120 kg) avec un visage rond et des cheveux courts et ................................. (3). 40 ans environ. Il doit savoir nager.

– une femme de ................................. (4) (1,65 m), ................................. (5) avec des cheveux très ................................. (6). Elle doit savoir sauter en parachute.

Pour rôles principaux dans un film policier. Contacter Mathieu au 01 45 38 72 31.

**15** Associez.

Couleurs

1. Blanc
2. Rouge
3. Jaune
4. Noir
5. Marron clair

Couleurs de cheveux

a. Brun
b. Châtain
c. Blond
d. Roux
e. Blanc

| 1. | 2. | 3. | 4. | 5. |
|---|---|---|---|---|
| e | | | | |

**16** Associez les descriptions et les dessins.

a. Il a le visage rond.
b. Il porte des lunettes.
c. Il a le visage carré.
d. Il est barbu.
e. Il a une moustache.
f. Il a le visage allongé.

| 1. | 2. | 3. | 4. | 5. | 6. |
|---|---|---|---|---|---|
| a | | | | | |

**17** Classez les adjectifs.

~~blond~~ carré raide bouclé brun grand rond mince
roux chauve allongé gros châtain petit

| A/ Pour les cheveux | B/ Pour le visage | C/ Pour le corps |
|---|---|---|
| *blond* | .................................... | .................................... |
| .................................... | .................................... | .................................... |
| .................................... | .................................... | .................................... |
| .................................... | | .................................... |
| .................................... | | |
| .................................... | | |
| .................................... | | |

**18** Associez. (Plusieurs réponses sont possibles.)

Je pèse
32 kilos.

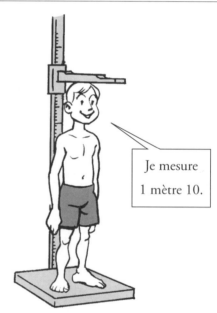

Je mesure
1 mètre 10.

1.  – Quelle est ta taille ?
2.  – Tu fais combien ?
3.  – Vous pesez combien ?
4.  – Quel est ton poids ?
5.  – Elle mesure combien ?

a.  – 32 kilos.
b.  – 1 mètre 10.

| 1. | 2. | 3. | 4. | 5. |
|---|---|---|---|---|
| *b* | | | | |

# SITUATIONS

**1** **Complétez le dialogue.**

Informer sur les personnes

grand   bouclés   mesurer   grande rousse   yeux   petit   brun

M^me **Merlot :** Vous savez, mon fils a une petite amie.

M^me **Lemieux :** Ah, elle est comment ?

M^me **Merlot :** C'est une ..................................... (1) aux cheveux ..................................... (2)

et aux ..................................... (3) verts. Elle doit bien ..................................... (4) 1 mètre 86,

c'est ..................................... (5) pour une fille.

M^me **Lemieux :** Eh bien, ma fille aussi a un petit copain, figurez-vous ! J'ai trouvé une photo

sur son bureau. Un garçon assez ..................................... (6), pas plus de 1 mètre 65 et

..................................... (7).

M^me **Merlot :** Ah, ça ne nous rajeunit pas !

**2** **Complétez les instructions du maître nageur.**

Donner des directives

**Apprendre à plonger**

mettez les pieds   baisser la tête   levez les bras   penchez le corps   pliez les genoux

**Le maître nageur :** Bon, les enfants, aujourd'hui vous allez apprendre à plonger ! Avancez

au bord de la piscine. D'abord, vous ..................................... (1) bien haut au-dessus

de la tête ! Ensuite, vous ..................................... (2) bien l'un contre l'autre. Maintenant,

..................................... (3) et puis vous ..................................... (4) un peu vers

l'avant. Ça y est, vous êtes prêts ? Attention, n'oubliez pas de ..................................... (5).

Allez-y, un, deux, trois, plongez !

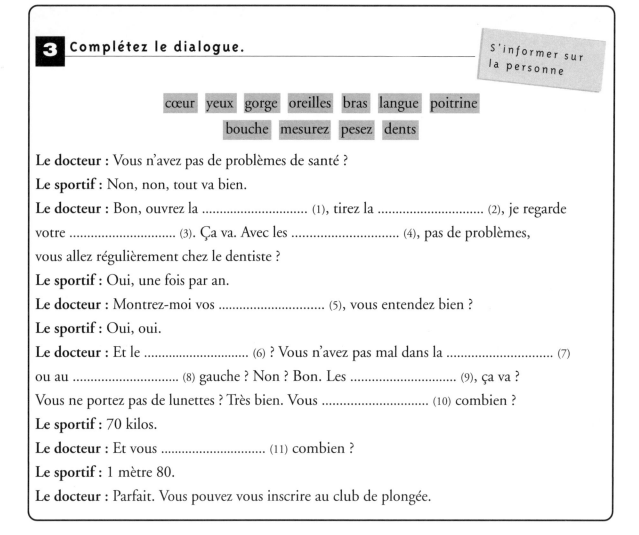

**3** **Complétez le dialogue.**

*S'informer sur la personne*

cœur   yeux   gorge   oreilles   bras   langue   poitrine

bouche   mesurez   pesez   dents

**Le docteur :** Vous n'avez pas de problèmes de santé ?

**Le sportif :** Non, non, tout va bien.

**Le docteur :** Bon, ouvrez la ............................ (1), tirez la ............................ (2), je regarde

votre ............................ (3). Ça va. Avec les ............................ (4), pas de problèmes,

vous allez régulièrement chez le dentiste ?

**Le sportif :** Oui, une fois par an.

**Le docteur :** Montrez-moi vos ............................ (5), vous entendez bien ?

**Le sportif :** Oui, oui.

**Le docteur :** Et le ............................ (6) ? Vous n'avez pas mal dans la ............................ (7)

ou au ............................ (8) gauche ? Non ? Bon. Les ............................ (9), ça va ?

Vous ne portez pas de lunettes ? Très bien. Vous ............................ (10) combien ?

**Le sportif :** 70 kilos.

**Le docteur :** Et vous ............................ (11) combien ?

**Le sportif :** 1 mètre 80.

**Le docteur :** Parfait. Vous pouvez vous inscrire au club de plongée.

# LES VÊTEMENTS ET LES ACCESSOIRES

➤ Demander des informations sur des choses ➤ Décrire des choses
➤ Préciser des choses

## A LES VÊTEMENTS

**1** Complétez les mots.

**A/**

jupe   collants   robe   manteau   chaussures   soutien-gorge
maillot de bain   bottes   chemisier   sandales   ~~tailleur~~

1. Un *tailleur*

2. Une j_ _ _

3. Des b_ _ _ _ _

4. Des c_ _ _ _ _ _ _

5. Des c_ _ _ _ _ _ _ _ _

6. Un c_ _ _ _ _ _ _ _

7. Un s_ _ _ _ _ _-_ _ _ _ _

8. Des s_ _ _ _ _ _ _

9. Une r_ _ _

10. Un m_ _ _ _ _ _

11. Un m_ _ _ _ _ _
     _ _ _ _ _ _

**B/**

baskets   veste   chemise   polo   imperméable   chaussettes
~~blouson~~   costume   pantalon   jogging   slip

1. Un *blouson*

2. Une v_ _ _ _

3. Une c_ _ _ _ _ _

4. Un i_ _ _ _ _ _ _ _ _ _

5. Un p_ _ _ _ _ _ _

6. Un p_ _ _

7. Des b_ _ _ _ _ _

8. Des c_ _ _ _ _ _ _ _ _ _

9. Un s_ _ _

10. Un j_ _ _ _ _ _

11. Un c_ _ _ _ _ _

**2** **Écrivez le prénom des personnes à l'aide des dessins.**

Aude est invitée à l'opéra. Elle décide de mettre une robe longue, des chaussures à hauts talons et son manteau.

Monique va courir dans le parc. Elle met un jogging, des baskets et un pull-over en laine parce qu'il fait froid.

Il fait très chaud. Jeanne porte un T-shirt, une jupe courte légère et des sandales à talons plats.

Émilie a un rendez-vous professionnel. Il pleut. Elle met son tailleur, un imperméable long et ses bottes en cuir.

1. *Émilie*　　2. ...................................　　3. ...................................　　4. ...................................

**3** **Complétez les bulles.**

sandales　soutien-gorge　blouson　~~bottes~~　manteau　slip　chaussettes　imperméable

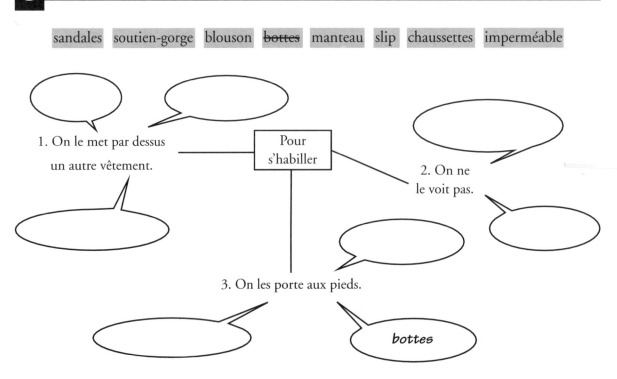

1. On le met par dessus un autre vêtement.

Pour s'habiller

2. On ne le voit pas.

3. On les porte aux pieds.

bottes

# Les vêtements et les accessoires

**4** Complétez les mots.

large   serré   court   ~~étroit~~   long

1. C'est trop
s _ _ _ .

2. C'est trop
l _ _ _ .

3. C'est trop
c _ _ _ _ .

4. C'est trop
l _ _ _ _ .

5. C'est trop
*étroit.*

**5** Associez l'adjectif et le verbe.

1. Long
2. Court
3. Large
4. Étroit

a. Élargir
b. Rétrécir
c. Rallonger
d. Raccourcir

| 1. | 2. | 3. | 4. |
|----|----|----|----|
| c  |    |    |    |

**6** Complétez les phrases.

serré   élargir   ~~long~~   raccourcir   rétrécir   rallonger

1. Bonjour, Madame, regardez, mon pantalon est trop *long*, est-ce que vous pouvez
le ..................................... de 15 cm ?

2. Ne lavez pas vos pulls en machine, ils risquent de ..................................... .

3. Les manches de mon manteau sont trop courtes, il faut les ..................................... .

4. Ne vous inquiétez pas, Monsieur, aujourd'hui, vous avez le pied ....................................., mais
vos chaussures vont s'..................................... très vite.

**7** Dites si les phrases sont vraies ou fausses à l'aide des dessins.

### Choisissez le tissu !

| C'est une veste à carreaux. | C'est un pantalon à rayures. | C'est une chemise à fleurs. | C'est une robe à pois. | C'est un manteau écossais. | C'est une jupe unie. |

1. Un tissu à pois a des petits ronds de couleur.
2. Une chemise à rayures est d'une seule couleur.
3. Une jupe écossaise a des lignes et des couleurs.
4. Un manteau à carreaux a des fleurs.
5. Une robe unie a trois couleurs.
6. Un pyjama avec des dessins est uni.

|  | Vrai | Faux |
|---|---|---|
| 1. | ✗ |  |
|  |  |  |
|  |  |  |
|  |  |  |
|  |  |  |
|  |  |  |

**8** Trouvez le dessin qui correspond à la description.

### Avis de recherche
Un voleur déguisé en clown est recherché par la police. Il porte une veste à grands carreaux, un pantalon à larges rayures, une chemise unie, une cravate à fleurs et un chapeau à pois.

Le voleur est le clown numéro ........ .

**9** **Barrez l'intrus.**

1.  Une chemise peut être en soie, en coton, ~~en cuir~~.
2.  Les bottes peuvent être en caoutchouc, en soie, en cuir.
3.  Un pull-over peut être en plastique, en laine, en acrylique.
4.  Les chaussettes peuvent être en coton, en velours, en laine.
5.  Les collants peuvent être en nylon, en soie, en cuir.

**10** **Complétez avec les verbes.**

boutonne    enfile    attache    ~~enlève~~

| 1. Il *enlève* | 2. Elle b_ _ _ _ _ _ _ | 3. Il a_ _ _ _ _ _ | 4. Elle e_ _ _ _ _ |
|:---:|:---:|:---:|:---:|
| son manteau. | sa veste. | ses chaussures. | son pull. |

**11** **Associez les contraires.**

1.  Boutonner
2.  S'habiller
3.  Serrer
4.  Enlever

a.  Desserrer
b.  Mettre
c.  Se déshabiller
d.  Déboutonner

| 1. | 2. | 3. | 4. |
|:---:|:---:|:---:|:---:|
| *d* | | | |

**12** Complétez les phrases.

~~se déshabiller~~   boutonner   mettre   enlever   desserrer

1. Avant de prendre un bain, il est nécessaire de **se déshabiller** (1).
2. Vous devez ..................................... (2) vos chaussures si vous entrez dans une maison japonaise.
3. Pierre, ton col de chemise est ouvert, il faut le ........................................ (3).
4. Tu as mal au cou. Tu dois ..................................... (4) un peu ton polo.
5. Il faut ..................................... (5) un pull-over chaud quand il fait froid.

## B   LES ACCESSOIRES ET LES BIJOUX

**13** Complétez les mots.

### Accessoires

Le skieur porte un ~~bonnet~~ et des <u>gants</u>.

Le skieur a mis une <u>cravate</u> et la vieille dame un <u>chapeau</u>.

Le voleur a une casquette et le skieur a une <u>écharpe</u>.

Le skieur a une <u>ceinture</u> très large, des <u>lunettes</u> et le voleur a un <u>foulard</u>.

### Bijoux

La vieille dame a des <u>boucles d'oreilles</u> très longues, le voleur a un foulard et un <u>collier</u> autour du cou.

Le voleur a une bague à la main droite, un <u>bracelet</u> au bras gauche et une <u>montre</u> au bras droit.

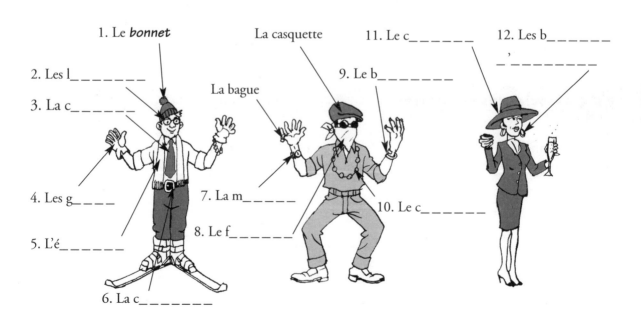

1. Le **bonnet**

La casquette

11. Le c _ _ _ _ _ _

12. Les b _ _ _ _ _ _
, 
_ _ _ _ _ _ _ _

2. Les l _ _ _ _ _ _ _

9. Le b _ _ _ _ _ _ _

3. La c _ _ _ _ _ _

La bague

4. Les g _ _ _ _

7. La m _ _ _ _ _

10. Le c _ _ _ _ _ _

5. L'é _ _ _ _ _ _

8. Le f _ _ _ _ _ _

6. La c _ _ _ _ _ _ _

**14** Complétez les bulles.

casquette  gants  cravate  bonnet  foulard  ~~ceinture~~  écharpe  chapeau

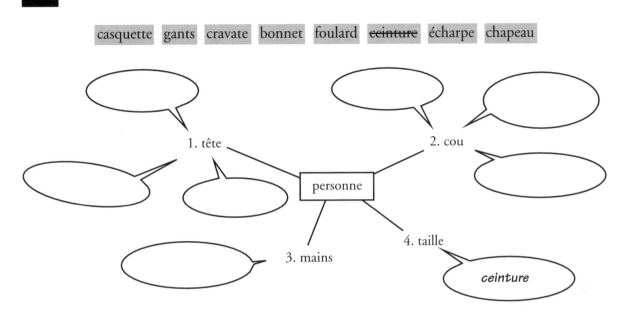

1. tête

2. cou

personne

3. mains

4. taille

*ceinture*

**15** Écrivez les sept accessoires qui manquent sur le dessin B.

Il manque : *la ceinture*

........................................................

........................................................

........................................................

........................................................

........................................................

........................................................

A          B

**16** Cochez les phrases qu'on peut entendre dans un magasin de vêtements.

| | | | |
|---|---|---|---|
| 1. | Ça vous va très bien. | ✗ | 6. La cabine est au fond. ....... |
| 2. | Et comme dessert ? ....... | | 7. Voie 2. ....... |
| 3. | Vous faites quelle taille ? ....... | | 8. Vous voulez essayer le bleu ? ....... |
| 4. | Un kilo, s'il vous plaît. ....... | | 9. Je peux l'échanger ? ....... |
| 5. | Il est en soie ? ....... | | 10. Ça ne va pas du tout ensemble ! ....... |

# SITUATIONS

**1** Mettez le dialogue dans l'ordre. Écrivez les numéros.

Demander des informations sur des choses

– Oui bien sûr. Quelle taille faites-vous ? .......

– Pour un mariage... Quelle couleur ? Quelle matière ? .......

– 42. .......

– Tenez. Les cabines sont là. .......

– Bonjour, je peux vous aider ? .......

– Oui, voilà, toutes nos robes sont là. .......

– Je ne sais pas exactement, une jolie couleur, et en soie. .......

– Oh, j'aime beaucoup celle-ci, je peux l'essayer ? .......

– Oui, bonjour, je cherche une robe pour un mariage. .......

**2** Soulignez les expressions correctes.

Décrire des choses

– Allô ?

– Bonjour, c'est Sylvie, alors comment tu vas **t'habiller / te déshabiller** (1) pour le mariage de ton frère ?

– Et bien, je vais **mettre / enlever** (2) une robe **courte / longue** (3) **unie / à fleurs** (4) avec **une veste / un manteau** (5) **à rayures / à pois** (6).

– Et ton mari ?

– Lui, il a **acheté / vendu** (7) **un costume / un tailleur** (8) **à fleurs / à rayures** (9) avec **une chemise / un polo** (10) **à carreaux / unie** (11) et **une cravate / une écharpe** (12) **unie / à pois** (13).

**3** Complétez cette lettre.

Préciser des choses

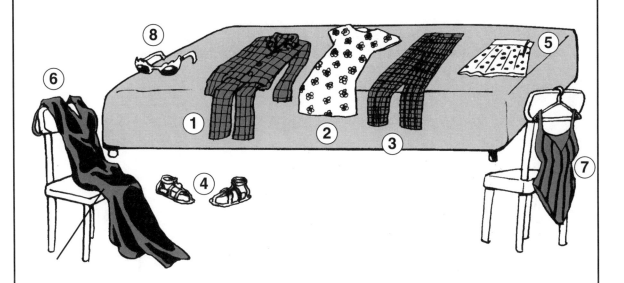

> Ma chère Anne,
>
> La semaine dernière, c'était les soldes d'été et j'ai trouvé pour la nuit un ........................ (1) à carreaux. Je te l'envoie. Pour moi, j'ai acheté un tas de choses. D'abord, une petite robe ........................ (2), un ........................ (3) écossais, des ........................ (4) d'été, une jupe ........................ (5) et une ........................ (6) du soir. J'ai pris aussi un maillot de bain ........................ (7), très sympa.
>
> Le mois prochain, je pars à la Martinique et je suis impatiente de faire ma valise. Ah, j'ai oublié, j'ai aussi acheté des ........................ (8) très amusantes. Je te les montrerai. Je t'embrasse.
>
> Alice

# CHAPITRE 10

# LES ÉMOTIONS ET LES SENTIMENTS — LE CARACTÈRE

➤ Caractériser une personne

## A LES ÉMOTIONS ET LES SENTIMENTS

**1** Complétez les verbes.

tremble   chante   pleure   crie   ~~rit~~   rougit   sourit

1. Il *rit*.

2. Elle r_ _ _ _ _ .

3. Il s_ _ _ _ _ .

4. Il p_ _ _ _ _ .

5. Elle c_ _ _ .

6. Il t_ _ _ _ _ _ .

7. Il c_ _ _ _ _ .

**2** Associez les phrases.

1. Je ris.
2. Je pleure.
3. Je tremble.
4. Je crie.
5. Je rougis.

a. J'ai peur.
b. Je suis content.
c. Je suis en colère.
d. Je suis triste.
e. Je suis timide.

| 1. | 2. | 3. | 4. | 5. |
|---|---|---|---|---|
| b | | | | |

**3** Complétez les mots.

indifférent  regrette  colère  contente  triste  jalouse  ~~surpris~~

1. Il est *surpris*.
2. Il est i_____ .
3. Elle est c_____ .
4. Elle r_____ .

5. Elle est j_____ .
6. Il est en c_____ .
7. Il est t_____ .

**4** Associez les verbes et les noms.

1. Aimer
2. Regretter
3. Souhaiter
4. Surprendre

a. Le regret
b. L'amour
c. La surprise
d. Le souhait

| 1. | 2. | 3. | 4. |
|----|----|----|----|
| b  |    |    |    |

**B** LE CARACTÈRE

**5** Écrivez les mots soulignés sur le dessin.

Elle casse tout, elle est <u>maladroite</u>.

Il chante, il rit, il est <u>gai</u>.

Elle n'a peur de rien, elle est <u>courageuse</u>.

Il n'aime pas travailler, il est <u>paresseux</u>.

Elle sourit toujours quand elle parle, elle est *<u>aimable</u>*.

Il a peur de tout, il est <u>peureux</u>.

Elle fait attention, elle est <u>prudente</u>.

## Les émotions et les sentiments — Le caractère

1. Elle est **aimable**.   2. Elle est .................... .   3. Il est .................... .   4. Il est .................... .

5. Elle est .................... .

6. Elle est .................... .

7. Il est .................... .

  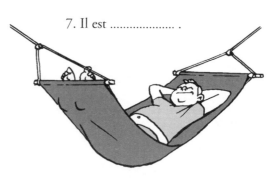

---

**6** Associez les contraires.

1. Patient
2. Poli
3. Honnête
4. Prudent
5. Responsable
6. Discret
7. Sensible
8. Tolérant
9. Adroit
10. Équilibré
11. Optimiste

a. Impoli
b. Maladroit
c. Indiscret
d. Insensible
e. Impatient
f. Malhonnête
g. Intolérant
h. Imprudent
i. Irresponsable
j. Pessimiste
k. Déséquilibré

| 1. | 2. | 3. | 4. | 5. | 6. | 7. | 8. | 9. | 10. | 11. |
|----|----|----|----|----|----|----|----|----|-----|-----|
| e |   |   |   |   |   |   |   |   |   |   |

# Les émotions et les sentiments — Le caractère

**7** Associez les abréviations et les mots.

**Vie à deux**

| | | |
|---|---|---|
| 1. hon. | a. affectueuse | |
| 2. affec. | b. doux | |
| 3. dyn. | c. intelligente | |
| 4. équil. | d. honnête | |
| 5. intel. | e. dynamique | |
| 6. dx | f. sensible | |
| 7. génér. | g. équilibré | |
| 8. sens. | h. généreux | |

> Homme 42 ans, hon., dyn., équil. génér. et dx, cherche jeune femme célibataire, intel., affec. et sens. pour vie à deux.

| 1. | 2. | 3. | 4. | 5. | 6. | 7. | 8. |
|---|---|---|---|---|---|---|---|
| d | | | | | | | |

**8** Barrez l'intrus dans chaque phrase.

**Mes voisins n'ont que des défauts.**

1. Ils sont ~~généreux~~, durs et peureux.
2. Ils sont méchants, impolis et aimables.
3. Ils sont gais, menteurs et intolérants.

**Mais mes amis, eux, n'ont que des qualités.**

4. Ils sont gentils, patients et paresseux.
5. Ils sont doux, courageux et impatients.
6. Ils sont aimables, égoïstes et discrets.

**9** Vrai ou faux ? Cochez.

| | Vrai | Faux |
|---|---|---|
| 1. La vendeuse sourit aux clients. Elle est aimable. | X | |
| 2. Il travaille beaucoup. Il est paresseux. | | |
| 3. Ils disent la vérité. Ils sont menteurs. | | |
| 4. Elle sait attendre. Elle est patiente. | | |
| 5. Elle ne pense qu'à elle. Elle est égoïste. | | |
| 6. Ils ne rient jamais. Ils sont gais. | | |
| 7. Il travaille tranquillement dans son bureau. Il est discret. | | |
| 8. Elles disent toujours « Bonjour », « Merci, Madame ». Elles sont polies. | | |

# SITUATIONS

**1** Soulignez l'adjectif correct dans ces dialogues.

*Caractériser une personne*

1. – Je trouve les automobilistes parisiens très **imprudents / optimistes**. Ils conduisent mal et dangereusement.
   – Tu es gentille avec eux, moi, je les trouve complètement **courageux / irresponsables**.

2. – J'ai un voisin très **discret / égoïste**, je ne l'entends jamais : pas un bruit !
   – Moi, mes voisins sont **tolérants / impolis** : ils ne disent jamais ni bonjour, ni bonsoir.

3. – Tu es très **patiente / gaie** aujourd'hui, pourquoi ?
   – Parce que c'est mon anniversaire ! J'ai reçu un superbe cadeau. J'ai des parents très **généreux / malhonnêtes**.

4. – Dans les stades de football, je ne comprends pas les supporters **adroits / intolérants**.
   – Tu as déjà vu des supporters **gentils / paresseux** quand leur équipe a perdu ?

5. – Quelle fille **douce / maladroite** ! Tu casses toujours quelque chose !
   – Tu pourrais être plus **aimable / honnête** avec moi. Je t'aide comme je peux !

6. – Simone Huet est une femme très **sensible / courageuse**. Traverser l'Atlantique seule sur un canoë ! Tu imagines !
   – Moi, je ne pourrais jamais ; je suis tellement **menteuse / peureuse**.

**2** Complétez l'horoscope de Madame Irma.

*Caractériser une personne*

aimable   prudent   dur   patient   généreux
indiscret   honnête   insensible   malhonnête

Le Sagittaire est doux, sensible, discret et honnête, au contraire du Verseau qui est

...................................... (1), ...................................... (2), ...................................... (3),

et ...................................... (4).

La Balance sourit toujours quand elle parle, elle offre toujours des cadeaux et elle sait attendre.

Elle dit toujours la vérité et fait toujours attention à tout, comme le Bélier qui est

...................................... (5), ...................................... (6) et ...................................... (7).

Il est ...................................... (8) et ...................................... (9).

**3** **Soulignez l'expression correcte dans cet e-mail.**

Caractériser
une personne

---

A : cabeaulieu@caravail.fr

De : afaugeroux@topmail.fr

Caroline,

Un petit e-mail, ma grande sœur chérie, car j'ai une nouvelle à t'annoncer !

Je crois bien que j'ai rencontré l'homme idéal !

Tu sais que j'ai un caractère difficile et que je suis parfois **tolérante / intolérante** (1) et très

**patiente / impatiente** (2).

Adrien est d'abord, quelqu'un de très **égoïste / généreux** (3) : il me téléphone tous les soirs et,

quand nous nous voyons, il a toujours un petit cadeau.

Et puis, il est très **gai / triste** (4), avec lui je **pleure / ris** (5) beaucoup, il connaît plein d'histoires

drôles ! Avec un caractère aussi **optimiste / pessimiste** (6), il a bien sûr beaucoup d'amis.

Je les trouve tous très **méchants / gentils** (7).

Adrien a plein d'autres qualités, et je ne lui trouve aucun défaut ! Il est **dur / doux** (8),

et très **affectueux / indifférent** (9). Et si tu savais comme il est **sensible / insensible** (10) !

Je l'ai même vu **pleurer / rire** (11) au cinéma...

Bref, je pense que je te récrirai bientôt. Gros bisous.

Agnès

---

# LES ÉTUDES

➤ Dire ce que l'on fait  ➤ Donner des directives  ➤ Protester

## A  L'ÉCOLE

### 1  Complétez les mots.

bureau du directeur   bibliothèque   ~~cour de récréation~~

cantine   salle de classe   salle des professeurs   gymnase

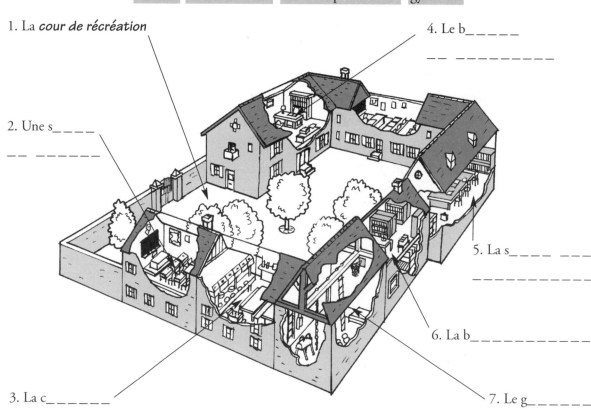

1. La *cour de récréation*

4. Le b_____

__ _____

2. Une s_____

__ _____

5. La s____ ___

_____

3. La c_____

6. La b_____

7. Le g_____

### 2  Reliez les verbes aux lieux.

1. Faire du sport •
2. Déjeuner •
3. Étudier •
4. Jouer •
5. Lire •

• a.   À la bibliothèque
• b.   À la cantine
• c.   Dans la cour de récréation
• d.   Dans le gymnase
• e.   Dans la classe

**3** Trouvez les réponses. (N'oubliez pas l'article.)

~~directeur / directrice~~   élèves   enseignants   bibliothécaire   surveillants

1. Qui dirige l'école ? *Le directeur ou la directrice*
2. Qui surveille ? ........................................................................
3. Qui enseigne ? ........................................................................
4. Qui s'occupe de la bibliothèque ? ........................................
5. Qui étudie ? ...........................................................................

**4** Regardez le tableau et complétez.

| 3 ans | 6 ans | 11 ans | 15 ans | 18 ans |
|---|---|---|---|---|
| *École maternelle* | École primaire | Collège | Lycée | Université |

1. Élena a 3 ans, elle est à l'*école maternelle*.
2. Samuel a 15 ans, il entre au ....................................... cette année.
3. Jennifer a 11 ans, elle finit l'.............................................. .
4. Virginie a 13 ans, elle étudie au .................................................. .
5. Bastien a 18 ans, il entre à l'.......................................... .

**5** Associez les lieux et les noms.

1. Il étudie à l'université.          a. Un collégien
2. Elle fréquente l'école.          b. Une lycéenne
3. Elle va au lycée.                    c. Une écolière
4. Il est au collège.                    d. Un étudiant

| 1. | 2. | 3. | 4. |
|---|---|---|---|
| *d* | | | |

**6** **Associez.**

**Qui fait quoi ?**

1.  Il étudie.
2.  Il enseigne.
3.  Il fait un exercice.
4.  Il interroge.
5.  Il note.
6.  Il corrige.
7.  Il a une bonne / mauvaise note.
8.  Il donne un cours.
9.  Il a un devoir.
10. Il suit un cours.

a.  Le professeur
b.  L'élève ou l'étudiant

| 1. | 2. | 3. | 4. | 5. | 6. | 7. | 8. | 9. | 10. |
|----|----|----|----|----|----|----|----|----|-----|
| b  |    |    |    |    |    |    |    |    |     |

**7** **Complétez les phrases.**

1.  écrire  écriture

Tu dois **écrire** plus gros, ton ..................................... est trop petite.

2.  lire  lecture  livres

Notre professeur nous donne beaucoup de .......................... à .......................... . C'est formidable parce que j'aime beaucoup la .......................... .

3.  traduction  traduire

Vous devez ..................................... ce texte en espagnol pour demain. Attention ! Ce n'est pas une ..................................... facile.

4.  calcul  calculer  calculatrice

Vous n'avez pas besoin de votre ..................................... pour faire ce ..................................... . Vous devez apprendre à ..................................... de tête.

**8** **Complétez les mots.**

table   chaises   bureau   ~~tableau~~   cartable   carte

1. Le *tableau*

2. Le b_ _ _ _ _

3. Un c_ _ _ _ _ _ _

4. Une c_ _ _ _

5. Une t_ _ _ _

6. Des c_ _ _ _ _ _

**9** **Complétez les mots.**

règle   classeur   ~~trousse~~   crayon   cahier   stylo   livre   gomme   calculatrice   taille-crayon

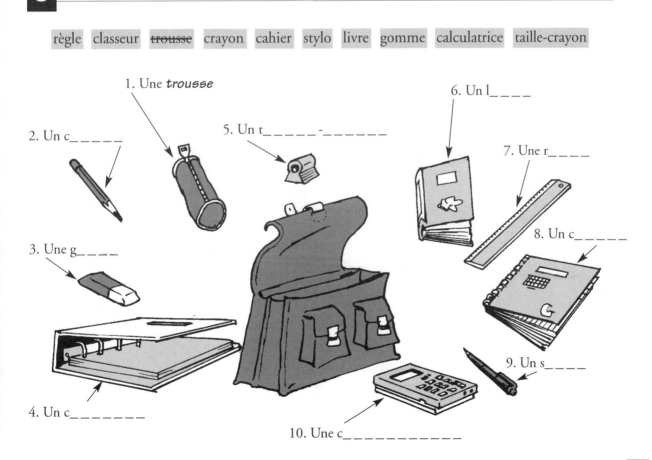

1. Une *trousse*

2. Un c_ _ _ _ _

3. Une g_ _ _ _

4. Un c_ _ _ _ _ _ _

5. Un t_ _ _ _ _ - _ _ _ _ _ _

6. Un l_ _ _ _

7. Une r_ _ _ _

8. Un c_ _ _ _ _ _

9. Un s_ _ _ _

10. Une c_ _ _ _ _ _ _ _ _ _

**10** Remplissez la grille.

tableau   calculatrice   carte   règle   cartable   gomme

1.   Pour faire des opérations difficiles, on se sert d'une ... .

2.   On fait des lignes bien droites avec une ... .

3.   On peut voir les villes, les fleuves et
     les montagnes sur une ... .

4.   Il doit effacer un mot, il prend
     une ... .

5.   Le professeur écrit sur un ... .

6.   L'élève met tout son matériel de classe
     dans son ... .

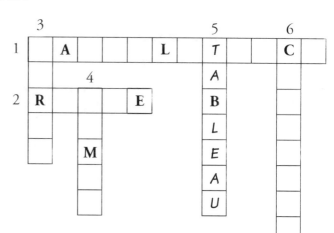

**11** Écrivez les mots qui manquent sur le dessin B.

*le stylo*

...................................

...................................

...................................

...................................

## B  LES MATIÈRES ET LES DIPLÔMES

**12**  Regardez l'emploi du temps et complétez.

### Emploi du temps

| LUNDI | | MARDI | | MERCREDI | | JEUDI | | VENDREDI | | SAMEDI | |
|---|---|---|---|---|---|---|---|---|---|---|---|
| 8.30 | | 8.30 | Latin | 8.30 | Anglais | 8.30 | Sciences | 8.30 | Maths | 8.30 | |
| 9.30 | Français | 9.30 | Anglais | 9.30 | Français | 9.30 | Musique | 9.30 | Maths | 9.30 | |
| 10.30 | Latin | 10.30 | Français | 10.30 | Maths | 10.30 | Espagnol | 10.30 | Espagnol | 10.30 | |
| 11.30 | Cantine | 11.30 | Cantine | 11.30 | | 11.30 | Cantine | 11.30 | Cantine | 11.30 | |
| 12.30 | | 12.30 | | 12.30 | | 12.30 | | 12.30 | | 12.30 | |
| 13.00 | Mathématiques | 13.00 | Histoire-Géo | 13.00 | | 13.00 | Arts plastiques | 13.00 | Physique-chimie | 13.00 | |
| 14.00 | Espagnol | 14.00 | Sciences | 14.00 | | 14.00 | Gymnastique | 14.00 | Anglais | 14.00 | |
| 15.00 | Histoire | 15.00 | Gymnastique | 15.00 | | 15.00 | Maths | 15.00 | Latin | 15.00 | |
| 16.00 | Français | 16.00 | Gymnastique | 16.00 | | 16.00 | | 16.00 | Français | 16.00 | |

**Attention :** on dit souvent maths (mathématiques), gym (gymnastique), géo (géographie)...
et prof (professeur) quand on parle.

1.  Le mardi, Amélie prend ses affaires de sport parce qu'elle a deux heures de **gymnastique**.
2.  Le lundi, elle doit avoir ses dictionnaires parce qu'elle a quatre heures de langues : une heure
    d'.............................., une heure de ................................ et deux heures de ............................. .
3.  Le jeudi, elle n'oublie pas ses crayons de couleur pour son cours d'............................................ .
4.  Le lundi, elle a besoin de sa calculatrice pour le cours de ................................................... .
5.  Le jeudi, elle emporte sa flûte car elle en a besoin pour le cours de ........................................ .

**13**  Associez.

## Que fait-on dans chaque matière ?

1.  En mathématiques,        a.  on fait des opérations.
2.  En histoire,              b.  on étudie des textes anciens.
3.  En gymnastique,          c.  on chante, on lit les notes.
4.  En géographie,           d.  on fait du sport.
5.  En latin,                e.  on fait des expériences scientifiques.
6.  En physique-chimie,      f.  on découvre le passé.
7.  En musique,              g.  on dessine des cartes.

| 1. | 2. | 3. | 4. | 5. | 6. | 7. |
|---|---|---|---|---|---|---|
| a | | | | | | |

**14** Complétez les mots.

passer  examen  ~~contrôles~~  réussir  concours  devoirs  évaluer

Ils passent un examen.

Il a tout réussi.

Il a tout raté.

1. Dans toutes les matières, on fait des **contrôles** pour é_ _ _ _ _ _ les connaissances.

2. Le professeur donne des d_ _ _ _ _ _ à faire à la maison.

3. Le baccalauréat est un e_ _ _ _ _ qui permet d'entrer à l'université.

4. Pour entrer dans certaines écoles, il faut p_ _ _ _ _ un c_ _ _ _ _ _ _ _ ; seuls les meilleurs sont admis.

5. Pour r_ _ _ _ _ _ un examen, il faut avoir de bonnes notes.

**15** Complétez les phrases.

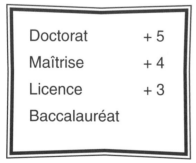

| | |
|---|---|
| Doctorat | + 5 |
| Maîtrise | + 4 |
| Licence | + 3 |
| Baccalauréat | |

1. Après trois ans d'études, vous passez un examen pour obtenir une **licence**.

2. Pour le dernier diplôme universitaire, le ..............................., vous devez écrire une thèse.

3. Si vous continuez vos études après la licence, vous devez écrire un mémoire pour avoir votre ............................. .

4. Il faut réussir le ........................... pour entrer à l'Université.

**16** Complétez le dialogue.

### Après le bac

**Fabien :** Qu'est-ce que tu vas faire ?

**Toï :** Mon père est médecin, je crois que je vais faire comme lui et aller à la *faculté de médecine* (1).

**Fabien :** Et toi, Gégé ?

**Gégé :** Moi, je m'inscris à la fac de ................................... (2), vous savez que j'ai toujours voulu devenir avocat.

**Karine :** Moi, ce sont les nouvelles technologies qui m'intéressent, donc des études d'................................ (3).

**Noriko :** Moi, ce sera sculpture ou peinture, je ne sais pas encore mais je fais l'.............................. (4). Et toi, Fabien ?

**Fabien :** Moi, je veux travailler à l'export. Il faut que je passe un concours pour entrer dans une école de ................................... (5).

---

# SITUATIONS

**1** Complétez le dialogue.

Dire ce que l'on fait

| géo | maths | étudier | note | contrôle |

| prof | lycée | exercices | jouer | carte |

**Thomas :** Dis, tu es prêt pour le .............................. (1) de .............................. (2) ?

**Nathanaël :** Oui, je connais très bien les régions et les villes. Le .............................. (3) va certainement nous donner une .............................. (4) de France à compléter.

La dernière fois, j'ai eu une bonne .............................. (5), 16 sur 20, mais je veux faire mieux.

**Thomas :** Tu as fait tous les .............................. (6) de .............................. (7) ?

**Nathanaël :** Bien sûr, tu sais que je veux rentrer au .............................. (8) l'année prochaine, pas toi ?

**Thomas :** Oh, moi, je préfère .............................. (9) au foot qu'.............................. (10) !

**2** Soulignez l'expression correcte dans ce règlement intérieur.

1. Il est interdit de manger et de boire **à la cantine** / **dans les salles de classe**.

2. Les chaussures de sport sont obligatoires pour les cours **de géographie** / **de gymnastique**.

3. Il faut parler espagnol pendant les leçons **d'anglais** / **d'espagnol**.

4. **La classe** / **Le bureau** du directeur est ouvert tous les jours de 8 h 30 à 17 h.

5. Il est interdit de jouer au ballon **à la bibliothèque** / **dans la salle de gymnastique**.

6. Il ne faut pas porter une casquette **dans la cour de récréation** / **en cours**.

**3** Complétez cette lettre.

note   étudie   classe   professeur

mathématiques   élève   matière   université   professeur

Monsieur le .................... (1),

Je ne comprends pas pourquoi mon fils Mathieu qui est .................... (2) dans votre .................... (3) de 6ᵉ a toujours une mauvaise .................... (4) en .................... (5).

C'est une .................... (6) qu'il aime et qu'il .................... (7) tous les jours avec moi.

Je suis aussi diplômée de l'.................... (8) et donc capable de l'évaluer.

Pourrions-nous nous rencontrer à ce sujet ?

Je vous remercie d'avance et vous adresse, Monsieur le .................... (9), mes meilleures salutations.

Gérard Legrand

# LE TRAVAIL

➤ Exprimer un souhait ➤ Informer sur les personnes ➤ Dire ce que l'on fait

## A LES PROFESSIONS ET LES LIEUX DE TRAVAIL

### 1 Complétez les mots.

agriculteur   ~~ouvrier~~   école   facteur   commissariat de police   magasin   serveur   hôpital

1. Une usine / Un *ouvrier*
2. Un h_ _ _ _ _ _ / Un médecin
3. Un café / Un s_ _ _ _ _ _
4. Une é_ _ _ _ / Un professeur

5. Une poste / Un f_ _ _ _ _ _
6. Un c_ _ _ _ _ _ _ _ _ _ _ _ _ _ _ _ _ _ _ _ /
   Un policier
7. Les champs / Un a_ _ _ _ _ _ _ _ _ _
8. Un m_ _ _ _ _ _ / Un vendeur

### 2 Soulignez le mot correct.

1. Une secrétaire travaille **dans une rue** / **dans un bureau**.
2. Un médecin consulte **dans un hôpital** / **dans un garage**.
3. Un ouvrier est employé **dans un café** / **dans une usine**.

4. Un acteur joue **dans un théâtre / dans les champs**.

5. Une infirmière soigne **dans un hôpital / dans un commissariat**.

6. Un chauffeur de taxi gagne sa vie **dans une voiture / dans un bureau**.

7. Une hôtesse de l'air sert **dans une usine / dans un avion**.

8. Un vendeur travaille **à la poste / dans un magasin**.

**3** **Associez les professions et les lieux.**

1. Un coiffeur
2. Un dentiste
3. Un plombier
4. Un mécanicien
5. Un vendeur
6. Un architecte
7. Un agent immobilier

a. Une agence immobilière
b. Un garage
c. Un magasin
d. Un salon de coiffure
e. Un bureau d'études
f. Les maisons, les appartements
g. Un cabinet dentaire

| 1. | 2. | 3. | 4. | 5. | 6. | 7. |
|----|----|----|----|----|----|----|
| *d* | | | | | | |

**B** **LES ACTIVITÉS PROFESSIONNELLES**

**4** **Complétez les mots.**

imprimante ~~dossiers~~ ciseaux enveloppes ordinateur calculatrice

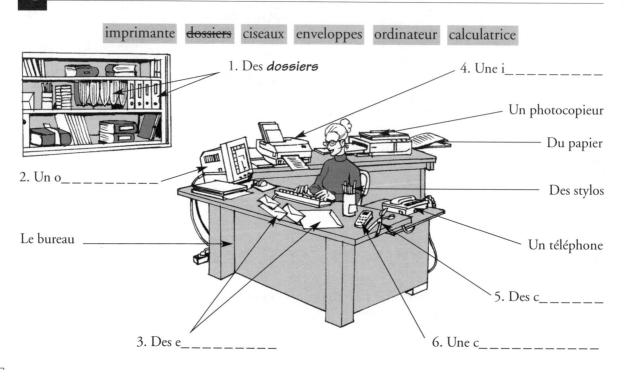

1. Des *dossiers*

4. Une i_ _ _ _ _ _ _ _ _

Un photocopieur

Du papier

2. Un o_ _ _ _ _ _ _ _

Des stylos

Le bureau

Un téléphone

5. Des c_ _ _ _ _ _

3. Des e_ _ _ _ _ _ _ _

6. Une c_ _ _ _ _ _ _ _ _ _

**5** **Complétez les phrases.**

~~enveloppe~~  photocopieur  ciseaux  dossiers  ordinateur  calculatrice  téléphone

1. La secrétaire met la lettre dans l'***enveloppe***.
2. Elle prend des ............................................. pour couper du papier.
3. Quand le ............................................. sonne, elle répond.
4. Elle classe les documents importants dans des ............................................. .
5. Elle tape les lettres sur l'............................................. .
6. Elle prend sa ............................................. si elle a des calculs difficiles à faire.
7. Pour faire des copies, elle utilise le ............................................. .

**6** **Vrai ou faux ? Cochez.**

| | Vrai | Faux |
|---|---|---|
| 1. Un plombier répare les voitures. | | ✗ |
| 2. Un banquier vend de la viande. | | |
| 3. Un facteur distribue le courrier. | | |
| 4. Un journaliste écrit des articles. | | |
| 5. Un professeur fabrique des machines. | | |
| 6. Un agriculteur cultive des légumes. | | |

**7** **Trouvez la profession.**

directeur  employés  personnel  comptable  ~~chef de service~~

1. Il est responsable d'une partie de l'entreprise. C'est le ***chef de service***.
2. Il dirige la société. C'est le ............................................. .
3. Il s'occupe de la partie financière. C'est le ............................................. .
4. Ils travaillent dans les bureaux de la société. Ce sont les ............................................. .
5. Le ............................................., ce sont toutes les personnes qui travaillent pour une même entreprise.

**8** **Associez les verbes et les noms.**

1. Recevoir
2. Vendre
3. Diriger
4. Employer
5. Travailler
6. Accueillir

a. La direction
b. Le travail
c. La réception
d. L'accueil
e. L'emploi
f. La vente

| 1. | 2. | 3. | 4. | 5. | 6. |
|---|---|---|---|---|---|
| c | | | | | |

**9** Complétez les phrases.

le salaire   la durée du contrat   les horaires   ~~le poste~~   le lieu de travail

1. *Le poste* : infirmière
2. ........................................... : 1 350 euros par mois
3. ........................................... : un an
4. ........................................... : lundi à samedi, 8 h à 17 h
5. ........................................... : clinique de Marigny

**10** Reliez les abréviations et les mots.

1. rech. •
2. cand. •
3. CV •
4. CDD •
5. soc. •
6. intern. •
7. sec. •
8. bil. •
9. ang. •
10. expér. •

• a. anglais
• b. bilingue
• c. candidature
• d. contrat à durée déterminée
• e. curriculum vitæ
• f. expérimenté(e)
• g. internationale
• h. recherche
• i. secrétaire
• j. société

> sté. intern. rech. sec. bil. ang.
> expér. CDD 6 mois, envoyer CV
> et lettre cand. à Promotex, 15,
> boulevard Voltaire, 75011 Paris.

**11** Complétez les mots.

~~grève~~   congé   stage   chômage   syndicat   retraite

**12** Vrai ou faux ? Cochez.

| | Vrai | Faux |
|---|---|---|
| 1. | | ✗ |
| 2. | | |
| 3. | | |
| 4. | | |
| 5. | | |
| 6. | | |
| 7. | | |

1.   Paul est en vacances : il fait grève.

2.   Marie est en congé : elle visite la Grèce.

3.   Patrick est dans l'entreprise pour apprendre : il fait un stage.

4.   Mathias a 30 ans. Il ne travaille plus : il est à la retraite.

5.   Roland cherche un emploi depuis six mois : il est au chômage.

6.   Marius a arrêté de travailler : pour protester il fait grève.

7.   Louis organise une manifestation : il fait partie d'un syndicat.

**13** Reliez.

**Parlez-nous de votre travail**

1.   – Où déjeunez-vous ?
2.   – Combien gagnez-vous actuellement ?
3.   – Quels sont vos horaires ?
4.   – Où travaillez-vous ?
5.   – Parlez-vous anglais ?
6.   – Que faites-vous ?

a.   – Oui, couramment et italien.
b.   – 9 h 15 à 17 h 30 sauf le lundi.
c.   – À la cafétéria.
d.   – Dans un magasin de chaussures.
e.   – Je suis vendeur.
f.   – 1 580 euros par mois.

# S I T U A T I O N S

**1** Complétez le dialogue.

*Exprimer un souhait*

coiffeuse   infirmier   journaliste   médecin

agricultrice   professeur   profession   mécanicien

**Journaliste :** Qu'est-ce que vous voulez faire plus tard quand vous serez grands ?

**Dorothée :** Je veux être ................................... (1), j'adore créer de nouvelles coiffures.

**Sylvain :** Je veux devenir ................................... (2), travailler pour un grand journal, c'est super !

**Omar :** Moi, je serai ................................... (3) ou ................................... (4), mais je veux travailler dans un hôpital.

**Claudia :** Je veux travailler à la campagne avec des animaux, je veux être ................................... (5).

**Tristan :** Moi, j'aime la mécanique, les motos, les voitures, alors je serai ................................... (6).

**Journaliste :** Il y a une ................................... (7) qui ne vous intéresse pas ?

**Tous :** ................................... (8) parce que les élèves sont fatigants !

**2** **Complétez l'annonce et la lettre.**

**A/**

société   CV   recherche   internationale

comptable   contrat   bilingue

Distributal, importante ................................. (1) ................................. (2)

d'import-export de CD et de cassettes audio et vidéo ................................. (3)

son nouveau ................................. (4). Le (la) candidat(e) doit être

................................. (5) français-anglais. Nous offrons un

................................. (6) d'un an. Envoyez votre ................................. (7) à

l'adresse suivante : emploi@distributal.com

**B/**

stage   expérience   couramment   travailler   entreprise   emploi

Messieurs,

Votre offre d'............................... (1) parue sur « internet-emploi.fr » m'intéresse vivement.

Âgé de 32 ans, j'ai quatre ans d'................................. (2) dans la comptabilité.

Je souhaite ................................. (3) pour une ................................. (4) internationale.

Je parle ................................. (5) anglais parce que je reviens des États-Unis ;

j'ai fait un ................................. (6) de six mois dans une banque à New York.

Dans l'attente de vous rencontrer très bientôt, recevez, Messieurs, mes meilleures salutations.

Paul Jeannet

**3** **Complétez le dialogue.**

chômage   secrétaire   téléphone   agence immobilière

dossiers   directeur   ordinateur   bureau   salaire   travail   lettres

**Jessica :** Alors, tu as trouvé un ................................. (1) ?

**Audrey :** Oui, je suis ......................... (2) du ......................... (3) d'une ......................... (4).

**Jessica :** Tu es contente ?

**Audrey :** Ce n'est pas mal. J'ai un bon ................................. (5), 2 150 euros par mois et Monsieur Labourier est sympa.

**Jessica :** Tu es dans ton ................................. (6) toute la journée ?

**Audrey :** Oui, je passe tout mon temps à taper des ................................. (7). Heureusement, j'ai un excellent ................................. (8). Et puis, il y a toujours des ................................. (9) à classer et le ................................. (10) n'arrête pas de sonner ! Je n'ai pas une minute à moi !

**Jessica :** Remarque, c'est mieux que d'être au ................................. (11) !

**Audrey :** Ça, c'est bien vrai !

# LES VACANCES ET LE TOURISME

➤ Demander des informations / des précisions ➤ Donner des conseils
➤ Dire ce que l'on a fait

##  LE VOYAGE

### 1 Associez.

1. Se renseigner
2. Réserver
3. Échanger
4. Annuler
5. Louer
6. S'informer

a. Une information
b. Un échange
c. Une réservation
d. Un renseignement
e. Une location
f. Une annulation

| 1. | 2. | 3. | 4. | 5. | 6. |
|----|----|----|----|----|----|
| *d* |    |    |    |    |    |

### 2 Soulignez le mot correct.

1. Demander **des renseignements** / **un voyage**.
2. Louer **un voyage** / **une voiture**.
3. Réserver **une place** / **des informations**.
4. Annuler **un renseignement** / **une réservation**.
5. Échanger **un billet** / **un voyage**.

### 3 Complétez les phrases.

1. ~~voyager~~  voyage  voyageur

J'adore *voyager*, on peut dire que je suis un grand ............................... : l'année prochaine,

j'ai programmé un ............................... autour du monde.

## Les vacances et le tourisme

**2.**   départ   partir   arrivée   arriver

– À quelle heure tu vas ......................, demain ?

– L'heure de ...................... est prévue à 20 heures et l'...................... à 24 heures. Je vais

...................... en pleine nuit.

**3.**   tourisme   touristes   touristique

C'est un lieu très ...................... .

De nombreux ...................... viennent chaque année.

Je vais réserver dans cet office de ...................... .

**4** **Complétez les mots.**

dépliant   catalogue   office de tourisme   publicité   ~~agence de voyages~~

| 1. Une a**gence** | 2. Un o_ _ _ _ _ | 3. Un | 4. Un | 5. Une |
| **de voyages** | _ _ _ _ _ _ _ _ _ | c_ _ _ _ _ _ _ _ | d_ _ _ _ _ _ _ | p_ _ _ _ _ _ _ _ |

**5** **Complétez le dialogue.**

~~renseigner~~   réserver   catalogue   dépliant   voyage   informations

**L'employée :** Bonjour Madame, je peux vous ***renseigner*** (1) ?

**La cliente :** Oui, j'ai vu dans votre .......................... (2) que vous organisez un .......................... (3)

au Costa Rica pour deux semaines et je voudrais des .......................... (4) supplémentaires.

**L'employée :** Eh bien, je vous donne ce .......................... (5) où tout est indiqué.

**La cliente :** Merci. Est-ce que je pourrais .......................... (6) par Internet ?

**L'employée :** Pas de problème !

**La cliente :** Merci, au revoir.

**6** Complétez le dépliant.

assurance vol transport ~~personne~~ location transferts

### Week-end à Monaco

Prix par **personne** (1) pour deux nuits avec

t................................ (2) en avion : 457 euros*

\* Ce prix comprend :

– Le v............................ (3) aller-retour

– Les t............................ (4) aéroport / hôtel /

aéroport

– L'a............................ (5) annulation

– La l............................ (6) d'une voiture

**7** Écrivez les mots soulignés sur le dessin.

### L'avion

4. Les ................................

La ceinture

L'hôtesse

Le siège

1. Un **passager**

2. La ................................

3. Le ................................

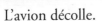

L'avion décolle.

L'avion vole.

L'avion atterrit.

Un **passager** montre à l'hôtesse sa carte d'embarquement.

L'hôtesse est dans le couloir central.

La dame a des bagages sur le siège à côté d'elle.

Il attache sa ceinture.

**8** **Écrivez les mots soulignés sur le dessin.**

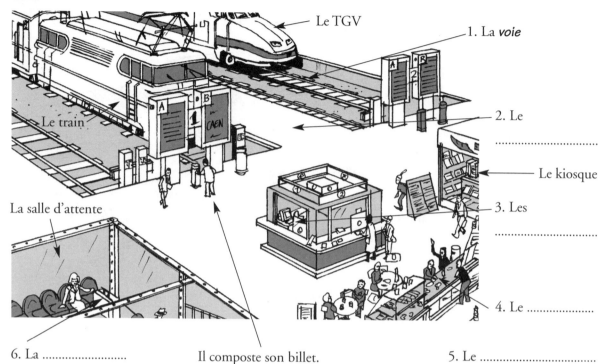

Le TGV

1. La *voie*

Le train

La salle d'attente

Le kiosque

2. Le ......................

3. Les ......................

6. La ........................      Il composte son billet.

4. Le ......................

5. Le ......................

Au milieu de la gare, il y a deux <u>guichets</u>.

Dans la salle d'attente, il y a une dame avec une grosse <u>valise</u>.

Le <u>buffet</u> se trouve près du kiosque à journaux.

Le TGV (train à grande vitesse) entre en gare, *voie* B.

Dans une voiture, il y a un <u>compartiment</u> fumeurs et un non fumeurs.

Le train pour Caen est au <u>quai</u> numéro 1.

**9** **Vous pouvez entendre ces phrases dans le train ou dans l'avion ?
Cochez.**

|  | Dans le train | Dans l'avion |
|---|---|---|
| 1. Nous décollons dans quelques minutes. |  | ✗ |
| 2. La voiture bar se trouve au milieu du train, voiture 14. |  |  |
| 3. Monsieur, la voiture fumeur est la 12. |  |  |
| 4. Attachez vos ceintures, s'il vous plaît ! |  |  |
| 5. Rouen, Rouen, trois minutes d'arrêt. |  |  |
| 6. Contrôle des billets, s'il vous plaît. |  |  |
| 7. Votre billet n'est pas composté, il n'est pas valable. |  |  |
| 8. Nous allons atterrir dans quelques instants. |  |  |
| 9. Votre carte d'embarquement, s'il vous plaît. |  |  |
| 10. Mettez vos sacs dans les coffres à bagages au-dessus de vos sièges. |  |  |

**10** Qui parle, l'employé ou le client ? Cochez.

|  | L'employé | Le client |
|---|---|---|
| 1. Je voudrais un billet pour Montpellier, en 1ʳᵉ classe. | | ✗ |
| 2. Vous voulez un aller-retour ? | | |
| 3. À quelle heure est le premier vol pour Rome ? | | |
| 4. La réservation est obligatoire. | | |
| 5. Je voudrais un aller simple pour Biarritz. | | |
| 6. Vous voulez un siège fumeur ou non fumeur ? | | |
| 7. C'est direct ? | | |
| 8. Je préfère une place côté couloir. | | |
| 9. Le train part de quelle voie ? | | |
| 10. N'oubliez pas de composter. | | |
| 11. Les passagers du vol AF 1280 à destination de Naples sont invités à se présenter porte 16. | | |
| 12. Viens, on a le temps de prendre un verre au buffet. | | |

## B LE SÉJOUR ET LES ACTIVITÉS

**11** Associez les phrases et les dessins. Écrivez le numéro qui convient.

**Les séjours**

J'aime les voyages organisés, c'est formidable pour rencontrer des gens.     *3*

Je loue toujours une villa au bord de la mer.     ............

J'ai des amis dans le monde entier, nous échangeons nos appartements.     ............

Nous faisons du camping avec mes quatre enfants, c'est moins cher.     ............

Nous, nous ne voulons rien faire, nous allons à l'hôtel.     ............

**12** Mettez dans l'ordre. Écrivez le numéro qui convient.

### Une réservation à l'hôtel
**A/**

– Oui pour combien de personnes ? ..........

– Très bien, je la prends. ..........

– Bonjour, vous avez des chambres libres ? *1*

– Trois. ..........

– Voici votre clé, c'est la chambre n° 58. ..........

– J'ai une chambre avec salle de bains à 54 euros la nuit. ..........

**B/**

– Je suis désolé, l'hôtel est complet à cette période. ..........

– En septembre seulement. ..........

– Allô, bonjour, je voudrais réserver une chambre pour deux personnes. ..........

– Du 15 au 30 août. ..........

– Il y a de la place quand ? ..........

– C'est trop tard, merci. Au revoir. ..........

– Pour quand ? ..........

**13** Complétez les mots.

guide   appareil-photo   caméscope   plan   carte   ~~sac à dos~~

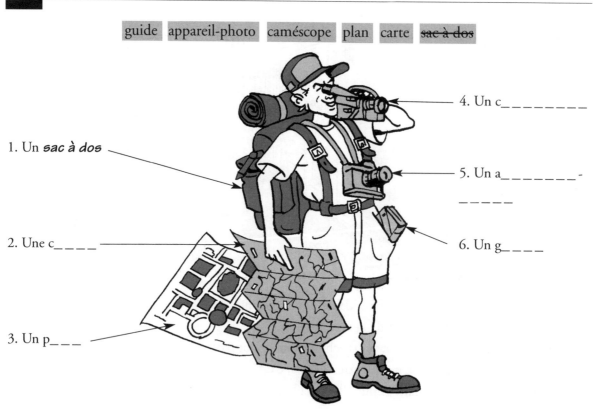

4. Un c_ _ _ _ _ _ _ _

1. Un **sac à dos**

5. Un a_ _ _ _ _ _ _-
_ _ _ _ _

2. Une c_ _ _ _

6. Un g_ _ _ _

3. Un p_ _ _

# Les vacances et le tourisme — Situations

**14** **Qu'est-ce que c'est ? Répondez.** (N'oubliez pas l'article.)

1. Ça sert à se repérer dans une ville : *Un plan*
2. Ça sert à filmer : .................................
3. On y trouve des informations touristiques sur une région : ...........................
4. On prend des photos avec : ...........................
5. Pour voyager, c'est plus pratique qu'une valise : ...........................
6. Avec elle, on ne peut pas se perdre dans la région visitée : ...........................

**15** **Dites si la personne est contente ou non. Cochez.**

| | Elle est contente. | Elle n'est pas contente. |
|---|---|---|
| 1. Ce voyage est merveilleux. | ✗ | |
| 2. Le musée était encore fermé ! | | |
| 3. Nous avons eu de la pluie chaque jour. | | |
| 4. La visite de ce musée est passionnante. | | |
| 5. Je me suis ennuyée. | | |
| 6. Le temps a été superbe. | | |
| 7. Cette région est magnifique. | | |
| 8. Ce voyage est trop fatigant. | | |

# S I T U A T I O N S

**1** **Complétez le dialogue.**

*Demander des informations / des précisions*

touristes   arrivée   départ   partir

vol   réserver   place   billet d'avion

– Bonjour, Madame. Que puis-je pour vous ?

– Je voudrais ........................ (1) un .................................. (2) pour San Francisco.

– Vous voulez ........................ (3) quand ?

– Le 12.

– Attendez, je regarde si c'est possible... Oui, alors, vous avez un ........................ (4) direct

sur US Airlines à 9 heures 30, ........................ (5) de l'aéroport Charles de Gaulle et

........................ (6) à San Francisco à 13 heures, heure locale.

– Je peux réserver ma ........................ (7) tout de suite ?

– Oui, bien sûr, en classe ........................ (8) ?

– Oui.

– Très bien, voilà votre billet.

**2** **Complétez le dialogue.**

Donner
des conseils

départ   vols   hôtels   guide

taxis   photos   voyageur   assurance   trains

– Jacques, toi qui es un grand ............................ (1), tu peux me donner quelques conseils

avant mon ............................ (2) en Afrique ?

– D'abord, achète un bon ............................ (3) touristique. Réserve tes ............................ (4)

sur des compagnies aériennes régulières et prends une bonne ............................ (5) : on ne sait

jamais, avec les transports, les animaux sauvages...

– Et une fois sur place ?

– Si tu aimes le confort, va dans les grands ............................ (6) de 4 ou 5 étoiles, mais si tu

veux rencontrer des personnes, sors des endroits touristiques, utilise les ............................ (7)

collectifs, prends les ............................ (8) pour t'arrêter dans les petites gares.

– Merci pour tous ces bons conseils, Jacques.

– Ah... j'oubliais une chose, ne prends jamais de ............................ (9) des gens sans leur

demander la permission ! Ils n'aiment pas ça et c'est normal, non ?

**3** **Complétez la lettre.**

Dire ce que
l'on a fait

guide   voyage   hôtel   musée   train

caméscope   billet   compartiment   touristes

Chère Maman,

Quelques nouvelles rapidement. Mon premier ............................ (1) en ............................ (2)

a été mouvementé ! D'abord, j'ai oublié de composter mon ............................ (3) et

j'ai dû payer 40 euros. Et puis, quand je suis arrivée à Perpignan, j'ai oublié dans

le ............................ (4) mon petit sac avec mon ............................ (5). Dommage !

Je ne pourrai pas filmer la région qui est magnifique.

Je suis installée dans l'............................ (6) que tu as réservé pour moi. J'y suis

bien : il est petit, confortable et très calme parce qu'il y a peu de ............................ (7)

en cette saison. Demain, je visite un ............................ (8) de peintures (j'ai lu dans

mon ............................ (9) qu'il est très intéressant).

Je t'enverrai des cartes postales, c'est promis. Je t'embrasse.

Sophie

# LES ÉLÉMENTS
# NATURELS ET LE TEMPS QU'IL FAIT

➤ Informer sur le temps ➤ Décrire un lieu

## A LES ÉLÉMENTS NATURELS

### 1 Complétez les mots.

~~soleil~~ montagne île lac rivière plage forêt océan ciel lune mer étoiles sable

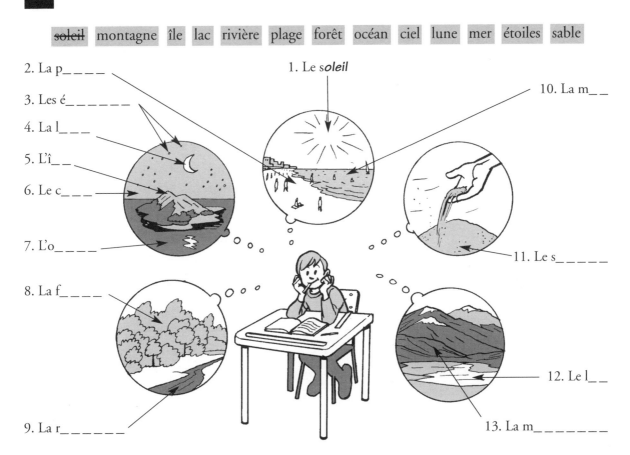

2. La p_ _ _ _

3. Les é_ _ _ _ _ _

4. La l_ _ _

5. L'î_ _

6. Le c_ _ _

7. L'o_ _ _ _

8. La f_ _ _ _

9. La r_ _ _ _ _ _

1. Le soleil

10. La m_ _

11. Le s_ _ _ _ _

12. Le l_ _

13. La m_ _ _ _ _ _ _

### 2 Soulignez le mot correct.

1. **La lune** / **Le soleil** brille la nuit.
2. Il aime beaucoup **l'océan** / **la mer** / **le lac** Méditerranée.
3. **Le lac** / **L'océan** / **La mer** Baltique se trouve au nord de l'Europe.
4. **L'océan** / **La mer** / **Le lac** Pacifique sépare le Japon des États-Unis.
5. L'eau des **mers** / **lacs** / **océans** de montagne est en général très froide.

## Les éléments naturels et le temps qu'il fait

**3** **Barrez l'intrus.**

1. soleil – ~~île~~ – lune
2. plage – sable – montagne
3. étoiles – ciel – mer
4. plage – mer – forêt
5. sable – montagne – forêt

**4** **Associez les noms et les adjectifs.**

| | | |
|---|---|---|
| 1. Les étoiles | a. | Terrestre |
| 2. La montagne | b. | Étoilé |
| 3. La mer | c. | Maritime |
| 4. L'océan | d. | Montagneux |
| 5. La terre | e. | Désertique |
| 6. Le désert | f. | Océanique |

| 1. | 2. | 3. | 4. | 5. | 6. |
|---|---|---|---|---|---|
| b | | | | | |

**5** **Complétez les phrases.**

désertique   océanique   ~~montagneuse~~   terrestre   étoilé   maritime

1. J'habite dans les Alpes, c'est une région **montagneuse**.
2. L'été, dormir sur la plage, sous un ciel ........................................, c'est le paradis !
3. Au bord de l'océan Atlantique, on dit que le climat est ........................................ .
4. Le train est un moyen de transport ........................................, le bateau un moyen de transport ........................................ .
5. Le climat ........................................ est très sec et très chaud.

## Les éléments naturels et le temps qu'il fait

---

**B** LE TEMPS QU'IL FAIT

**6** Complétez les mots.

orage ~~brouillard~~ soleil neige vent nuages pluie

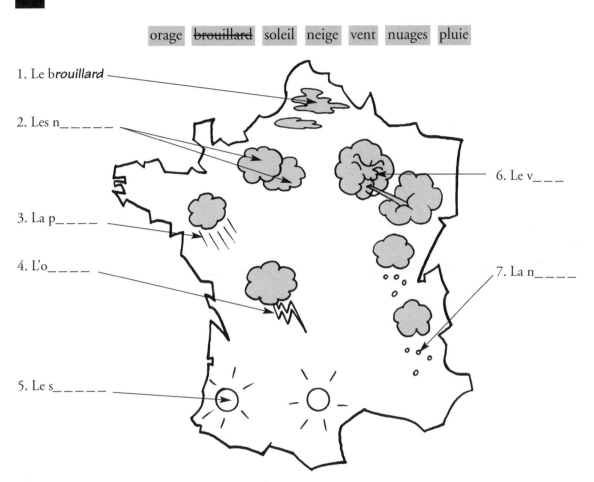

1. Le brouillard
2. Les n_ _ _ _ _
3. La p_ _ _ _
4. L'o_ _ _ _
5. Le s_ _ _ _ _
6. Le v_ _ _
7. La n_ _ _ _

---

**7** Remplissez la grille.

la neige  le soleil  les nuages  le ciel  ~~la pluie~~  le brouillard

1. Elle est blanche et froide : la ...
2. Il est jaune et il brille : le ...
3. Les gens préfèrent quand il est bleu,
   mais il est souvent gris : le ...
4. Ils se promènent dans le ciel et ils sont blancs ou gris :
   les ...
5. Parfois fine, parfois violente, elle arrose les jardins : la *pluie*
6. Quand il est épais, on ne voit rien : le ...

## Les éléments naturels et le temps qu'il fait

---

**8** **Associez les noms et les adjectifs.**

1. Le soleil
2. La pluie
3. Les nuages
4. L'orage

a. Orageux
b. Pluvieux
c. Ensoleillé
d. Nuageux

| 1. | 2. | 3. | 4. |
|----|----|----|----|
| *c* | | | |

---

**9** **Regardez les dessins et classez les expressions.**

~~le temps est couvert~~   le vent souffle   il neige   le temps est pluvieux
le temps est ensoleillé   il tombe de la neige   le soleil brille   il y a des nuages
il pleut   le ciel est nuageux   la pluie tombe   il y a du vent

| a. *Le temps est couvert.* | b. ..................... | c. ..................... | d. ..................... | e. ..................... |
|---|---|---|---|---|

---

**10** **Soulignez le verbe correct.**

1. La neige **se couvre** / <u>tombe</u>.
2. Le soleil **brille** / **tombe**.
3. L'orage **éclate** / **souffle**.
4. Le vent **brille** / **souffle**.
5. Le ciel **se lève** / **se couvre**.
6. La pluie **tombe** / **souffle**.

# Les éléments naturels et le temps qu'il fait

## 11 Complétez les phrases.

1.

les pluies ~~pluvieux~~ pleut

Chez nous, l'automne est très *pluvieux* : il .................................... presque tous les jours
et .................................... sont fortes.

2.

enneigés la neige neige

L'hiver, il .................................... rarement dans les villes. .................................... tombe surtout
en montagne et les sommets restent .................................... jusqu'à la fin du printemps.

3.

les nuages nuageux

Au printemps, au mois d'avril, le ciel est un peu .................................... mais ....................................
ne donnent généralement pas de pluie.

4.

le soleil orages ensoleillées orageux

L'été, .................................... se couche tard. En montagne, le temps est souvent ....................................
et .................................... éclatent en général le soir. Au bord de la mer, les journées sont très
.................................... .

## 12 Soulignez le contraire.

1.  Humide : pluvieux / <u>sec</u>
2.  Agréable : beau / désagréable.
3.  Chaud : froid / orageux.
4.  Splendide : magnifique / mauvais.

## 13 Complétez le tableau.

### En France, en automne

il fait doux  il fait chaud  il fait froid  ~~il fait bon~~  il fait frais  ~~il gèle~~

| 0° (0 degré) | 3° (3 degrés) | 10° | 17° | 25° |
|---|---|---|---|---|
| 1.  *Il gèle* | 2. .................... | 3. .................... | 4. *Il fait bon* .................... | 5. .................... |

# SITUATIONS

**1** **Complétez ce bulletin météo.**

Informer
sur le temps

> nuages   neige   temps   douces
>
> soufflera   ensoleillée   soleil   couvert   fort

Le ..................... (1) pour demain : dans le nord de la France, ce sera une journée

..................... (2). Le centre du pays restera ..................... (3). À l'ouest, le vent

..................... (4) de plus en plus ..................... (5). À l'est, de la ..................... (6) tombera

par moment. Sur la côte méditerranéenne, de nombreux ..................... (7) cacheront

le ..................... (8), mais les températures seront ..................... (9).

**2** **Complétez cette lettre.**

Décrire
un lieu

> forêts   village   plage   rivière
>
> sommet   montagneuse   paysage   mer

Comment ça va ?

Nous passons des vacances fantastiques dans le Pays Basque. Nous sommes dans une jolie région ..................... (1) où nous oublions le stress parisien ! Le ..................... (2) est très beau.  Nous marchons beaucoup. Nous sommes montés jusqu'au ..................... (3) de la montagne que nous voyons de la fenêtre de l'hôtel, c'était du sport ! Il y a de grandes ..................... (4) de sapins. Le ..................... (5) est très fleuri et les gens sont vraiment sympathiques. Pas de problème, donc, pour les courses. Demain, au programme : déjeuner au bord d'une petite ..................... (6). Bien sûr, ce ne sont pas nos vacances habituelles au bord de la ..................... (7), ici, pas de ..................... (8), mais c'est plus calme !

Grosses bises et à bientôt.

Marine et Gabriel

# LA COMMUNICATION

➤ S'informer sur les personnes  ➤ Décrire des choses  ➤ Donner des conseils

## A LE TÉLÉPHONE ET L'ORDINATEUR

### 1 Complétez les mots.

cabine téléphonique   télécarte   annuaire   fax   répondeur   ~~téléphone~~   portable

1. Un *téléphone*

2. Une t_ _ _ _ _ _ _ _

3. Un f_ _

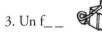

4. Un p_ _ _ _ _ _ _

5. Un r_ _ _ _ _ _ _ _

7. Un a_ _ _ _ _ _ _

6. Une c_ _ _ _ _

_ _ _ _ _ _ _ _ _ _ _

### 2 Associez.

1.  Avec un portable,
2.  Vous écoutez les messages
3.  La télécarte vous permet
4.  Pour connaître un numéro,
5.  Mon numéro de téléphone
6.  La touche « bis »

a.  sur votre répondeur.
b.  est le même que celui de mon fax.
c.  on peut consulter l'annuaire.
d.  sert à rappeler le dernier numéro.
e.  d'appeler d'une cabine téléphonique.
f.  on peut vous appeler partout.

| 1. | 2. | 3. | 4. | 5. | 6. |
|----|----|----|----|----|----|
| f  |    |    |    |    |    |

**3** **Mettez dans l'ordre. Écrivez le numéro qui convient.**

**Pour téléphoner il faut :**

attendre la tonalité ..........

raccrocher ..........

composer le numéro ..........

décrocher *1*

parler ..........

**4** **Complétez les phrases.**

sonne    répondeur    ~~décrocher~~    message    composer    rappellerai    raccroche

1. Tu dois ***décrocher*** avant de ..................................... le numéro.

2. Quand tu as fini de parler, ..................................... .

3. J'ai besoin de laisser un ....................................., mais il n'y a pas de ..................................... .

4. La ligne est occupée, je ..................................... plus tard.

5. Le téléphone ....................................., Valérie, vous pouvez répondre s'il vous plaît ?

**5** **Ces phrases sont utilisées quand on appelle ou quand on répond ? Cochez.**

| | Quand on appelle. | Quand on répond. |
|---|---|---|
| 1. Allô ! j'écoute ! | | X |
| 2. Vous voulez laisser un message ? | | |
| 3. Je suis bien chez Madame Montagné ? | | |
| 4. Oui, qui est à l'appareil ? | | |
| 5. Banque Populaire, bonjour ! | | |
| 6. Je voudrais parler à Emma, s'il vous plaît. | | |
| 7. Allô ! les renseignements ? | | |
| 8. Ah non, c'est une erreur. | | |
| 9. Ah, vous n'êtes pas le 06 63 55 72 31 ? | | |
| 10. Ne quittez pas, je vous le passe, vous êtes Madame... ? | | |

**6** **Complétez le dialogue.**

message    numéro de téléphone    répondeur    portable

adresse électronique    ~~carte de visite~~

– Tenez, Madame, je vous laisse ma **carte de visite** (1)

avec mon ........................................ (2) personnel.

Si je suis absent, laissez-moi un ............................... (3)

sur mon ............................... (4).

– Moi, je préfère vous donner le numéro de mon

............................... (5) car je suis rarement chez moi.

– Vous avez une ............................................... (6) ?

– Oui, la voici : carolem@caravan.fr.

**7** **Écrivez les mots soulignés sur le dessin.**

## Autour de l'ordinateur

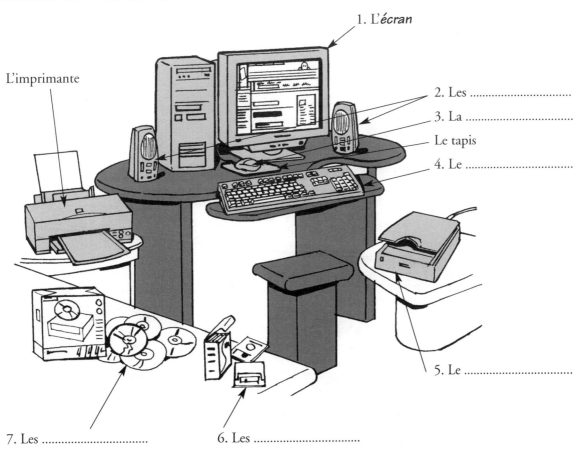

1. L'*écran*

L'imprimante

2. Les ...............................

3. La ...............................

Le tapis

4. Le ...............................

5. Le ...............................

7. Les ...............................    6. Les ...............................

La <u>souris</u> est sur le tapis.

Le texte se lit sur l'***écran***.

Il y a des <u>disquettes</u> à côté des CD-Rom.

Les <u>CD-Rom</u> sont à côté de l'imprimante.

Le <u>scanner</u> est sur une petite table à droite.

Le <u>clavier</u> est devant l'écran.

Il y a deux <u>haut-parleurs</u> de chaque côté de l'ordinateur.

---

**8** **Mettez dans l'ordre. Écrivez le numéro qui convient.**

Je tape le texte.                          .............

J'allume l'ordinateur.                   *1*

J'ouvre un fichier.                        .............

J'éteins l'ordinateur.                    .............

Je ferme le fichier.                       .............

Je clique sur l'icône « imprimante ».   .............

J'enregistre.                               .............

---

**B** LES MÉDIAS

**9** Complétez les mots.

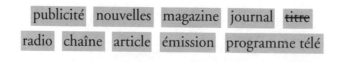

publicité   nouvelles   magazine   journal   ~~titre~~
radio   chaîne   article   émission   programme télé

1. Un ***titre***

2. Un j_ _ _ _ _ _

3. Un
a_ _ _ _ _ _

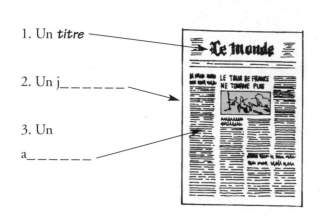

4. Une é_ _ _ _ _ _ _

5. La c_ _ _ _ _

8. Les n_ _ _ _ _ _ _

9. Une r_ _ _ _

6. Un m_ _ _ _ _ _ _

7. Une p_ _ _ _ _ _ _

10. Un p_ _ _ _ _ _ _ _ _ _ _

---

**10** **Barrez l'intrus.**

1.  Écouter : la radio – ~~un article~~
2.  Écrire : un article – une chaîne
3.  Présenter : la télévision – les nouvelles
4.  Regarder : la radio – la télévision
5.  Lire : le journal – une station

---

**11** **Complétez les phrases.**

photos    ~~télévision~~    nouvelles    journal    émissions    chaînes    publicité

1.  La *télévision* permet de regarder des films et de s'informer.
2.  La ............................. fait connaître un nouveau produit.
3.  En France, un ............................. coûte un euro environ.
4.  Il y a beaucoup de ............................. dans les magazines.
5.  Les ............................. changent tous les jours.
6.  Certaines ............................. sont gratuites et publiques, d'autres payantes et privées.
7.  Les horaires de toutes les ............................. sont dans les programmes télé.

## La communication — Situations

# SITUATIONS

**1** **Complétez le dialogue.**

S'informer sur les personnes

### Enquête sur les médias

| télévision | portable | journal | ordinateur | journaliste | émissions | téléphone |

– Pardon Madame, je suis ..................................... (1), indépendante. Vous avez le temps de répondre à quelques questions ?

– Oui, bien sûr, mais sur quoi ?

– Sur les médias.

– Je vais essayer.

– Est-ce que vous téléphonez beaucoup ?

– Oui, j'ai un ............................... (2) chez moi, mais je n'ai pas de ................................ (3) comme beaucoup de gens aujourd'hui !

– Est-ce que vous regardez beaucoup la ................................... (4) ?

– Oui, trois à quatre heures par jour, j'aime surtout regarder les ................................... (5) sur les animaux.

– Est-ce que vous avez le temps de lire quand même ?

– Oui, je lis le ..................................... (6) régional tous les jours.

– Est-ce que vous avez un ..................................... (7) chez vous ?

– Non, c'est cher et beaucoup trop compliqué pour moi !

– Je vous remercie Madame, au revoir.

**2** **Complétez cette publicité.**

Décrire des choses

| adresse électronique | écran | ordinateur |
| téléphone | tapis | Internet | imprimante |

### Promotion incroyable !!!

Pendant trois jours, HYPERINFORMATIX vous offre :

Un ................................ (1) puissant et rapide avec un ................................ (2) de 17 pouces, une

................................ (3) couleur et tout cela pour 1 000 euros, et en cadeau,

un téléphone et une connexion gratuite à ................................ (4) ! ! ! ! ! ! !

et un ................................ (5) personnalisé. Formidable, non !

Commandez par ................................ (6) au 01 45 38 72 31 ou à l'................................ (7) suivante :

casseprix@achats.com

**3** **Complétez le dialogue.**

disquettes   téléphone   ordinateur   imprimante

Internet   écran   souris   adresse électronique

**Vendeur :** Bonjour Madame, je peux vous aider ?

**Cliente :** Oui, je cherche un ......................................... (1) pour mon travail.

**Vendeur :** Vous avez celui-ci avec un grand ......................................... (2) de 17 pouces.
Il est très bien.

**Cliente :** Et pour sauvegarder ce que j'écris, qu'est-ce qu'il faut ?

**Vendeur :** Vous avez le disque dur, mais il faut aussi des ......................................... (3).

**Cliente :** Qu'est-ce que je dois faire pour me connecter à ......................................... (4)
et avoir une ......................................... (5) ?

**Vendeur :** Il faut un abonnement et une ligne de ......................................... (6).
Achetez aussi une ......................................... (7) pour lire votre travail sur papier.

**Cliente :** C'est compliqué !

**Vendeur :** Mais non, Madame, il suffit de cliquer sur la ......................................... (8).

**Cliente :** Ça va me coûter combien tout ça ?

# INDEX
# DES OBJECTIFS FONCTIONNELS
# PAR CHAPITRE

# LA FORMATION
# ET LE SENS DES MOTS — INDEX

Imprimé en Italie par ROTOLITO
Dépôt légal : 05775-11/2000 - Edition n°01 - Collection n°23
**15/5153/0**